Musik von
Bertolt Brecht
Franz S. Bruinier
Kurt Weill
Hanns Eisler
Paul Dessau
Rudolf Wagner-Régeny
Kurt Schwaen

Das große Brecht-Liederbuch

Herausgegeben und
kommentiert von Fritz Hennenberg

Band 1 · Lieder 1–57

Suhrkamp Verlag

Suhrkamp Verlag Frankfurt am Main
1. Auflage 1984

Gesamtherstellung: Offizin Andersen Nexö,
Graphischer Großbetrieb, Leipzig
Printed in the German Democratic Republic
ISBN 3-518-02416-7

Inhaltsverzeichnis

Im Titel dieses Liederbuchs steht *Brecht*. Eine Notensammlung, die vom Verfasser der Texte ausgeht, läuft Gefahr, ein Durcheinander der Stile und Handschriften zu sein; hier aber ist ein Bezug gegeben, den die Musik, bei aller Unterschiedlichkeit, in ihrer *Haltung* beachtet. Brecht war für seine Komponisten mehr als ein Lieferant von Texten: Er suchte das Gespräch mit ihnen, empfahl seine musikalischen Vorstellungen, schätzte andererseits Einspruch und Kritik. Er konnte gutes, wenn auch eigenwilliges musikalisches Verständnis ins Feld führen und sogar handwerkliche Fertigkeiten vorzeigen. Er hatte das Glück, Musiker zu finden, die für seine Ansichten ohnehin anfällig waren und die ihm folgten, ohne sich dabei zu verleugnen, sondern, im Gegenteil, an künstlerischem Charakter gewannen. Und das in einer Gattung, die seit Beginn dieses Jahrhunderts weitgehend verfallen war: dem Lied.

Die Erneuerung mußte vom Text her ansetzen. Brecht entdeckte alten Volksbrauch für sich: Ballade, Moritat, Volkslied – alles Gattungen, die die gestandene Poetik als trivial verachtete. Die Vorbilder, die er sich, aus historischer Tiefe wie aus der Gegenwart, in der Weltliteratur suchte, lagen abseits der klassischen Linie. In provokanter Abkehr von Idealisierung und Bildungsstolz bestand er auf der Funktion von Lyrik als einem nützlichen Gebrauchsgegenstand. Sie sollte womöglich handlich und praktisch, fordernd und durchaus mit Gewinn, nicht zuletzt genußvoll, eine Lehre vermitteln.

Der angestrebte Gebrauchswert lenkte auf die Wiederbelebung von Lyrik als Gesang, und zwar jedermann zugänglichem. Der Zweck mußte sich in der Form niederschlagen: Faßlichkeit und Sangbarkeit waren zu beachten. Die Modelle dazu waren längst geschaffen, aber in die Banalsphäre abgesunken. Brecht erneuerte ihren Anspruch als Dichtung.

Er holte sich Anregung vom Jahrmarkt und vom Kabarett, das, aus Frankreich eingeführt, seit der Jahrhundertwende als «Brettl» Furore machte. Auch amerikanische musikalische Importe, sprunghaft ansteigend seit dem ersten Weltkrieg, übten ihren Einfluß aus; die verschiedenen Elemente vermischten sich in einer Gattung, die zu einem Markenzeichen Brechts und seiner Komponisten wurde: dem Song.

Brecht, musikalisch talentiert, wenn auch technisch nur bescheiden bewandert, schrieb sich seine ersten Melodien selber. Er setzte Lieder zur Klampfe (und nannte so auch eine fragmentarische, bisher nicht veröffentlichte Notensammlung), gab seinem ersten Gedichtbuch, der «Hauspostille», «Gesangsnoten» mit eigenen Weisen bei und sorgte in seinen ersten Theaterstücken selbst für die Musik. «Das große Brecht-Liederbuch» bringt in der ersten Abteilung eine Auswahl der Brechtschen Vertonungen, darunter mehrere bisher nur als Manuskript vorliegende. Die Lieder sind meist einstimmig überliefert; für unsere Sammlung schrieb Kurt Schwaen die Begleitsätze.

«Das große Brecht-Liederbuch» beschränkt sich auf eigene Vertonungen Brechts und solche von Musikern, die mit ihm in persönlichem Austausch standen. Legionen von Komponisten haben sich an Brecht versucht, mit mehr oder weniger Glück und Erfolg; hier zu sondieren, hätte eine Bibliographie bedingt, die es noch nicht gibt,* hätte wohl auch zu manchem strittigen Urteil geführt und nicht zuletzt die Anbietung des Authentischen allzusehr beschränkt. Denn selbst jene Komponisten, die mit der Zustimmung Brechts arbeiteten, die ihre Arbeiten mit ihm diskutierten, von seinen musikalischen Vorstellungen ausgingen, sogar hin und wieder seine melodischen Einfälle beachteten, die also, bei aller Wahrung ihrer Eigenständigkeit (mithin auch ihrer Verschiedenartigkeit), seine engen, aufgeschlossenen Partner waren, konnten hier nur mit einer Auswahl erscheinen. Die Entdeckung unseres «Großen Brecht-Liederbuchs» ist Brechts erster musikalischer Mitarbeiter Franz S. Bruinier, der zwar schon 1928, knapp dreiundzwanzig Jahre alt, verstarb und mit Brecht nur kurz bekannt war, aber gutes Gespür für seine Absichten zeigte und ihm bei einigen wichtigen Arbeiten assistiert hat.

Obwohl sich also selbst ein «Großes Brecht-Liederbuch» bescheiden muß, versammelt das hier vorliegende erstmals fast alle der populär gewordenen Lieder, die oft an entlegenen Stellen, in Klavierauszügen und Gesamtausgaben, versteckt sind, an einem Ort. Darüber hinaus sollten Anregungen gegeben werden, so daß auch Unbekanntes untermischt ist, das wert wäre, erprobt zu werden. Manchmal gab auch der Text den Ausschlag: Populäre Gedichte sollten nicht fehlen, auch wenn ihre musikalischen Fassungen darin zurückstehen.

«Das große Brecht-Liederbuch» sucht die Vielfalt der Möglichkeiten, Lieder auf Brecht-Texte zu komponieren, aufzuzeigen. Es legt sich nicht auf

* Auf Anregung von Helene Weigel arbeitet der Herausgeber seit 1965 an einem Gesamtverzeichnis der Brecht-Vertonungen; Teilergebnisse (auch der Ansatz einer Sammlung von Noten, darunter auch Manuskripten) sind im Brecht-Archiv Berlin aufbewahrt.

Ballade und Song fest, sondern schließt auch Formen ein, die von der Tradition des sogenannten Kunstliedes herkommen. Neben Stücken in geläufiger musikalischer Sprache stehen solche, die sich dem Verständnis, und zwar sowohl der Ausführenden wie der Hörer, nicht sofort öffnen mögen. Hier konnte von Brechts Meinung ausgegangen werden (die einige seiner Komponisten bekräftigen), daß nämlich nützliches Lernen auch am musikalischen Stoff vergnüglich sein kann.

Freilich ist es der Vorsatz dieses «Großen Brecht-Liederbuchs», einen möglichst weiten Kreis zu bedienen: den Sänger, und zwar sowohl den eher vom Schauspiel (Chanson) als auch den vom Gesang (Lied) herkommenden, wie den Amateur, der nur seine bescheidenen Mittel einbringen kann. Dies war ja überhaupt Brechts (und seiner Komponisten) Absicht: das Lied vom Podium herunterzuholen und es als ein Kommunikationsmittel ins Leben zu stellen.

Um dieser Bestimmung entgegenzukommen, wurden Sätze für eine Singstimme und Klavier ausgewählt. (Einige wenige anders besetzte Lieder lassen sich leicht einrichten.) Bei den Klavierauszügen wurde, wenn irgend möglich, Rücksicht auf leichte Spielbarkeit genommen. Für professionelle Aufführungen sollte auf die ausführlichen Fassungen zurückgegriffen werden. Mehrere Lieder sind im originalen Gitarrensatz wiedergegeben; darüber hinaus dürften sich viele leicht für Gitarre einrichten lassen.

«Das große Brecht-Liederbuch» ist für die Praxis bestimmt und hat seinerseits die Praxis befragt. Es wurde von möglichst gesicherten Vorlagen ausgegangen; manche Entstellungen haben sich, einmal gedruckt, in verschiedenen Publikationen fortgesetzt und konnten durch Vergleiche korrigiert werden. Wichtiger Prüfstein war die Interpretation – die durch zahlreiche Schallplatten dokumentiert ist –; für Brecht war die Aufführung – und es scheint, daß ihm seine Komponisten darin gefolgt sind – ohnehin erst das abschließende Arbeitsstadium, offen für Änderungen. Freilich sollten die Modelle von Weills Kronzeugin Lotte Lenya, von Eisler und Dessau auch nicht vergötzt werden; halten wir uns an Brechts Begriff des Modells, so meinte er damit nicht die Versteinerung einer autoritativen Auffassung, sondern einen Anreiz zur schöpferischen Variante.

Vor manche schwierigen Entscheidungen stellten die Textfassungen. Brecht hat viel umgearbeitet, und das Endergebnis löscht nicht ohne weiteres die vorangegangenen Stadien aus. Die Komponisten halten sich oft an frühe Fassungen; wegen der musikalischen Einbindung kann hier ohnehin nicht eingegriffen werden. Außerdem muß bedacht werden, daß Brecht Änderungswünschen – und zwar nicht nur formalen, der Musikalisierung entgegenkommenden, sondern auch auf inhaltliche Details zielenden – aufgeschlossen war. Manchmal hat er die Retuschen sogar an die Komponisten delegiert und gab ihnen freie Hand; er erkannte die «Liedfassung» seines Gedichtes, dessen originale Form ja daneben weiterbestand, als berechtigt an. Komplizierter wird die Sache, wenn, wie bei Ernst Busch, auch Eingriffe der Interpreten von den Autoren genehmigt sind; hier sollte dann auch eine «Interpretenfassung» anerkannt werden, die allerdings die des Komponisten nicht aufhebt, sondern als Alternative nebenherläuft.

In den Kommentaren des «Großen Brecht-Liederbuchs» sind die Vorlagen und etwaigen Lesarten nachgewiesen. Um diesen Apparat nicht zu überlasten, wurden offensichtliche Versehen im Noten- wie im Worttext stillschweigend verbessert und die oft willkürlich gehandhabte Interpunktion (sofern sich Abweichungen nicht als Absicht erwiesen) den von Brecht und seinen Mitarbeitern redigierten Texten (in der Regel aus der Werkausgabe) angeglichen. Diese auf die Praxis zielende Edition konnte keine textkritische sein; immerhin dürften – die Kommentare mögen es beweisen – durch Archivstudien einige Materialien dafür herangeholt worden sein.

Die Kommentare suchen die Lieder auch in ihren Zusammenhang – den von Theaterstücken oder Zyklen – zu stellen. Dies erscheint hier besonders wichtig, weil das Lied oft als ein dialektischer Kommentar erscheint und sich sein Sinn unter seiner Oberfläche versteckt. Erst wenn die Beziehung zwischen dem dramaturgischen Ort des Liedes und seiner musikalischen Faktur erhellt ist, wird die Interpretation auf den rechten Weg geschickt. Bei Liedern aus Theaterstücken dürfte es, zum Verständnis des Publikums, manchmal nützlich sein, die szenische Situation, in der die Lieder stehen, durch einen Vorspruch anzudeuten; auch hierzu möchten die Kommentare Anregungen geben.

Die Aufteilung des «Großen Brecht-Liederbuchs» in zwei Bände und einen Kommentarteil (Band 3) wurde der besseren Handlichkeit wegen gewählt. In den ersten Band wurden außer Brechts eigenen Liedern und denen seines ersten musikalischen Mitarbeiters Franz S. Bruinier Songs aus Theaterstücken und Kantaten gestellt, in den zweiten unabhängige Lieder und Songs, auch in (oder aus) Zyklen, und beide Bände nach Komponisten und innerhalb dieser

Abteilungen chronologisch geordnet. Das Prinzip ließ sich nicht streng durchhalten, weil manchmal ursprünglich eigenständige Lieder nachträglich in ein Theaterstück aufgenommen wurden und sich andererseits welche daraus lösten und sozusagen verselbständigten. Überhaupt sollte der Benutzer nicht so sehr systematisch vorgehen, sondern sich, in den Bänden blätternd, seinen Entdeckungen überlassen. Die Fülle des hier erstmals gedrängt Versammelten möchte Anregung geben, die Vielfalt der Handschriften und Stile der Brecht-Vertonungen zu beachten. Die Einheit, die vom Zentralpunkt *Brecht* gestiftet wird, läßt in sich reiche Abstufung zu; sie auszubreiten, als Anreiz zur Überführung in die Musikpraxis, ist eine der Absichten dieser Sammlung.

Mit Rat und Hilfe unterstützten freundlicherweise Herta Ramthun, Gerhard Seidel und Günter Glaeser (Bertolt-Brecht-Archiv), Manfred Grabs (Hanns-Eisler-Archiv), Hertha Bruinier, Loni Heuser-Mackeben, Lys Symonette (Kurt Weill Foundation New York) und Karl Heinz Füssl (Universal Edition Wien). Besonderen Dank schulde ich Renate Lerche vom Henschelverlag und Wolfgang Jeske vom Suhrkamp Verlag.

Ein bitteres Liebeslied

Bertolt Brecht · Satz: Kurt Schwaen

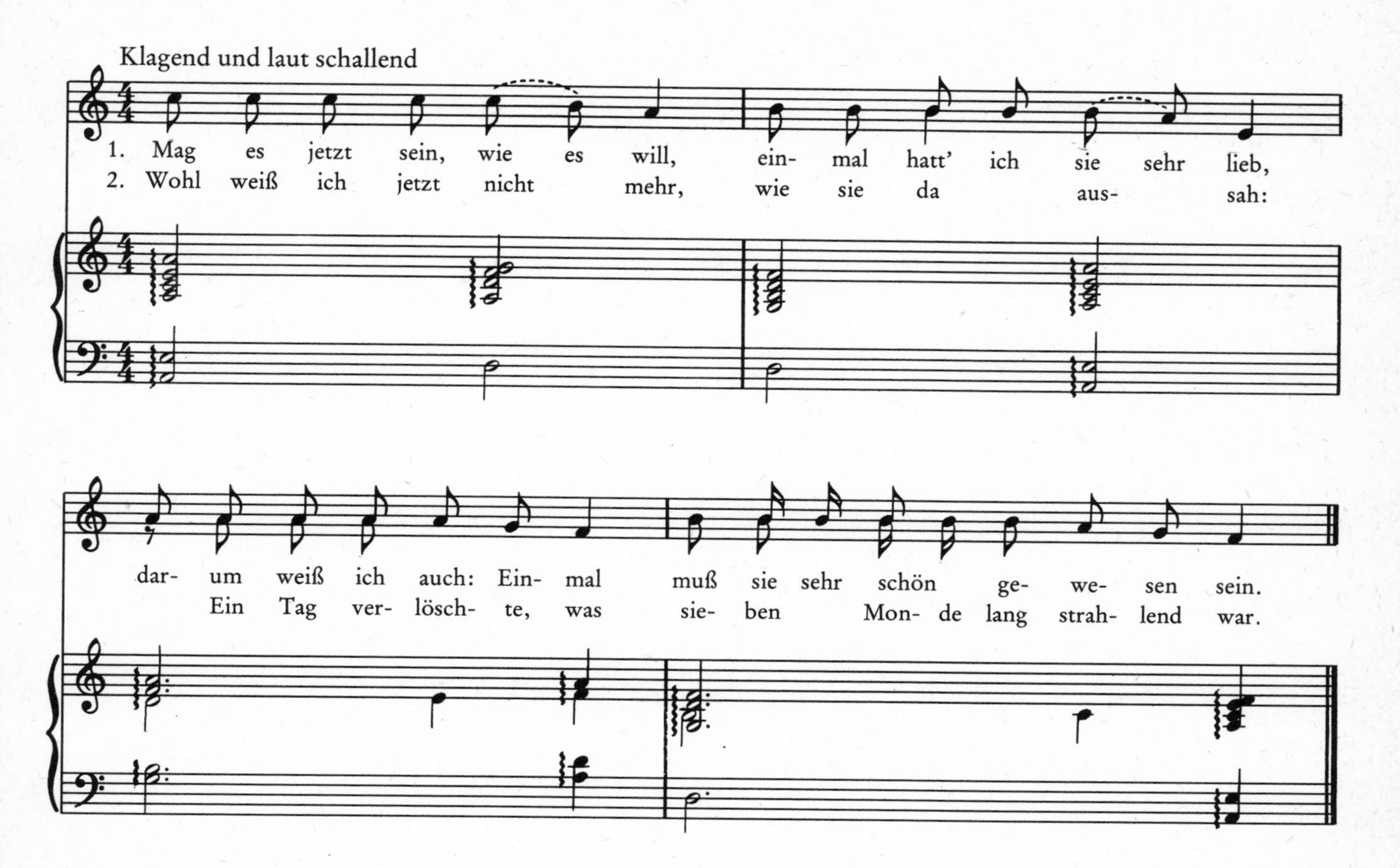

Lied der müden Empörer

Bertolt Brecht

Lied von Liebe

Bertolt Brecht · Satz: Kurt Schwaen

Baals Lied

Bertolt Brecht · Satz: Kurt Schwaen

Kleines Lied

Bertolt Brecht · Satz: Kurt Schwaen

Lied der Galgenvögel

Bertolt Brecht · Satz: Kurt Schwaen

2. Wir lassen euch für eure schlechten Weine
Neidlos und edel euer Abendmahl...
Wir haben Sünden – Sorgen han wir keine.
Ihr aber habt dafür eure Moral.

3. Wir stopfen uns den Wanst mit guten Sachen
Das kost' euch Zähren viel und vielen Schweiß.
Wir haben oft das Maul zu voll zum Lachen
Ihr habt es oft zu voll vom Kyrieleis.

4. Und hängen wir einst zwischen Himmel und Boden
Wie Obst und Glocke, Storch und Jesus Christ
Dann, bitte, faltet die gelehrten Pfoten
Zu einem Vater Eurer, der nicht ist.

5. Wir haun zusammen wonnig eure Frauen
Und ihr bezahlt uns heimlich eure Schmach...
Sie werden mit Wonne zusammengehauen
Und laufen uns noch in die Kerker nach.

6. Den jungen Weibern mit den hohen Busen
Sind wir viel leichter als der Herr Gemahl
Sie liebt den Kerl, der ihr vom Bett weg Blusen
Die ihr Gemahl bezahlt, beim Abschied stahl.

7. Sie heben ihre Augen bis zum Himmel
Und ihre Röcke bis zum Hinterteil.
Und ist er frech, so macht der dümmste Lümmel
Bloß mit dem Adamsapfel sie schon geil.

8. Dein Rahm der Milch schmeckt schließlich nicht ganz übel
Besonders wenn du selbst ihn für uns kaufst
Wir tauchen dir das Schöpflein in den Kübel
Daß du in der entrahmten Milch versaufst...

9. Konnt in den Himmel uns der Sprung nicht glücken
War eure Welt uns schließlich einerlei.
Kannst du herauf schaun, Bruder mit dem krummen Rücken?
Wir sind frei, Bruder, wir sind frei!

Legende vom toten Soldaten

Bertolt Brecht · Satz: Kurt Schwaen

2. Der Krieg war aber noch nicht gar
Drum tat es dem Kaiser leid
Daß sein Soldat gestorben war:
Es schien ihm noch vor der Zeit.

3. Der Sommer zog über die Gräber her
Und der Soldat schlief schon
Da kam eines Nachts eine militär-
ische ärztliche Kommission.

4. Es zog die ärztliche Kommission
Zum Gottesacker hinaus
Und grub mit geweihtem Spaten den
Gefallnen Soldaten aus.

5. Der Doktor besah den Soldaten genau
Oder was von ihm noch da war
Und der Doktor fand, der Soldat war k. v.
Und er drückte sich vor der Gefahr.

6. Und sie nahmen sogleich den Soldaten mit
Die Nacht war blau und schön.
Man konnte, wenn man keinen Helm aufhatte
Die Sterne der Heimat sehn.

7. Sie schütteten ihm einen feurigen Schnaps
In den verwesten Leib
Und hängten zwei Schwestern in seinen Arm
Und ein halb entblößtes Weib.

8. Und weil der Soldat nach Verwesung stinkt
Drum hinkt ein Pfaffe voran
Der über ihn ein Weihrauchfaß schwingt
Daß er nicht stinken kann.

9. Voran die Musik mit Tschindrara
Spielt einen flotten Marsch.
Und der Soldat, so wie er's gelernt
Schmeißt seine Beine vom Arsch.

10. Und brüderlich den Arm um ihn
Zwei Sanitäter gehn
Sonst flög er noch in den Dreck ihnen hin
Und das darf nicht geschehn.

11. Sie malten auf sein Leichenhemd
Die Farben Schwarz-Weiß-Rot
Und trugen's vor ihm her; man sah
Vor Farben nicht mehr den Kot.

12. Ein Herr im Frack schritt auch voran
Mit einer gestärkten Brust
Der war sich als ein deutscher Mann
Seiner Pflicht genau bewußt.

13. So zogen sie mit Tschindrara
Hinab die dunkle Chaussee
Und der Soldat zog taumelnd mit
Wie im Sturm die Flocke Schnee.

14. Die Katzen und die Hunde schrein
Die Ratzen im Feld pfeifen wüst:
Sie wollen nicht französisch sein
Weil das eine Schande ist.

15. Und wenn sie durch die Dörfer ziehn
Waren alle Weiber da
Die Bäume verneigten sich, Vollmond schien
Und alles schrie hurra.

16. Mit Tschindrara und Wiedersehn!
Und Weib und Hund und Pfaff!
Und mitten drin der tote Soldat
Wie ein besoffner Aff.

17. Und wenn sie durch die Dörfer ziehn
Kommt's, daß ihn keiner sah
So viele waren herum um ihn
Mit Tschindra und Hurra.

18. So viele tanzten und johlten um ihn
Daß ihn keiner sah.
Man konnte ihn einzig von oben noch sehn
Und da sind nur Sterne da.

19. Die Sterne sind nicht immer da
Es kommt ein Morgenrot.
Doch der Soldat, so wie er's gelernt
Zieht in den Heldentod.

Legende vom toten Soldaten

Bertolt Brecht/Fassung Ernst Busch · Satz: Kurt Schwaen

3., 5., 7., 9., 11., 13., 15., 17.
sein Sol- dat ge- stor- ben war: Es schien ihm noch vor der Zeit.
19.
19. Die Ster- ne sind nicht im- mer
da, es kommt ein Mor- gen- rot. Doch der Sol- dat, so wie er's ge-
lernt, zieht in den Hel- den- tod.

Der Choral vom Manne Baal

Bertolt Brecht · Satz: Kurt Schwaen

2. Und der Himmel blieb in Lust und Kummer da
Auch wenn Baal schlief, selig war und ihn nicht sah:
Nachts er violett und trunken Baal
Baal früh fromm, er aprikosenfahl.

3. Und durch Schnapsbudike, Dom, Spital
Trottet Baal mit Gleichmut und gewöhnt sich's ab.
Mag Baal müd sein, Kinder, nie sinkt Baal:
Baal nimmt seinen Himmel mit hinab.

4. In der Sünder schamvollem Gewimmel
Lag Baal nackt und wälzte sich voll Ruh:
Nur der Himmel, aber *immer* Himmel
Deckte mächtig seine Blöße zu.

5. Und das große Weib Welt, das sich lachend gibt
Dem, der sich zermalmen läßt von ihren Knien
Gab ihm einige Ekstase, die er liebt
Aber Baal starb nicht: er sah nur hin.

6. Und wenn Baal nur Leichen um sich sah
War die Wollust immer doppelt groß.
Man hat Platz, sagt Baal, es sind nicht viele da.
Man hat Platz, sagt Baal, in dieses Weibes Schoß.

7. Ob es Gott gibt oder keinen Gott
Kann, so lang es Baal gibt, Baal gleich sein.
Aber das ist Baal zu ernst zum Spott:
Ob es Wein gibt oder keinen Wein.

8. Gibt ein Weib, sagt Baal, euch alles her
Laßt es fahren, denn sie hat nicht mehr!
Fürchtet Männer nicht beim Weib, die sind egal:
Aber Kinder fürchtet sogar Baal.

9. Alle Laster sind zu etwas gut
Und der Mann auch, sagt Baal, der sie tut.
Laster sind was, weiß man was man will.
Sucht euch zwei aus: Eines ist zuviel!

10. Nicht so faul, sonst gibt es nicht Genuß!
Was man will, sagt Baal, ist, was man muß.
Wenn ihr Kot macht, ist's, sagt Baal, gebt acht
Besser noch, als wenn ihr gar nichts macht!

11. Seid nur nicht so faul und so verweicht
Denn Genießen ist bei Gott nicht leicht!
Starke Glieder braucht man und Erfahrung auch:
Und mitunter stört ein dicker Bauch.

12. Man muß stark sein, denn Genuß macht schwach.
Geht es schief, sich freuen noch am Krach!
Der bleibt ewig jung, wie er's auch treibt
Der sich jeden Abend selbst entleibt.

13. Und schlägt Baal einmal zusammen was
Um zu sehen, wie es innen sei –
Ist es schade, aber 's ist ein Spaß
Und 's ist Baals Stern, Baal war selbst so frei.

14. Und wär' Schmutz dran, er gehört nun mal
Ganz und gar, mit allem drauf, dem Baal
Ja, sein Stern gefällt ihm. Baal ist drein verliebt –
Schon weil es 'nen andern Stern nicht gibt.

15. Zu den feisten Geiern blinzelt Baal hinauf
Die im Sternenhimmel warten auf den Leichnam Baal.
Manchmal stellt sich Baal tot. Stürzt ein Geier drauf
Speist Baal einen Geier, stumm, zum Abendmahl.

16. Unter düstern Sternen in dem Jammertal
Grast Baal weite Felder schmatzend ab.
Sind sie leer, dann trottet singend Baal
In den ewigen Wald zum Schlaf hinab.

17. Und wenn Baal der dunkle Schoß hinunterzieht:
Was ist Welt für Baal noch? Baal ist satt.
Soviel Himmel hat Baal unterm Lid
Daß er tot noch grad gnug Himmel hat.

18. Als im dunklen Erdenschoße faulte Baal
War der Himmel noch so groß und still und fahl
Jung und nackt und ungeheuer wunderbar
Wie ihn Baal einst liebte, als Baal war.

Apfelböck oder Die Lilie auf dem Felde

Bertolt Brecht · Satz: Kurt Schwaen

3. Die Tage gingen und die Nacht ging auch
   Und nichts war anders außer mancherlei
   Bei seinen Eltern Jakob Apfelböck
   Wartete einfach, komme was es sei.

4. Und als die Leichen rochen aus dem Spind
   Da kaufte Jakob eine Azalee
   Und Jakob Apfelböck, das arme Kind
   Schlief von dem Tag an auf dem Kanapee.

5. Es bringt die Milchfrau noch die Milch ins Haus
   Gerahmte Buttermilch, süß, fett und kühl.
   Was er nicht trinkt, das schüttet Jakob aus
   Denn Jakob Apfelböck trinkt nicht mehr viel.

6. Es bringt der Zeitungsmann die Zeitung noch
   Mit schwerem Tritt ins Haus beim Abendlicht
   Und wirft sie scheppernd in das Kastenloch
   Doch Jakob Apfelböck, der liest sie nicht.

7. Und als die Leichen rochen durch das Haus
   Da weinte Jakob und ward krank davon.
   Und Jakob Apfelböck zog weinend aus
   Und schlief von nun an nur auf dem Balkon.

8. Es sprach der Zeitungsmann, der täglich kam:
   Was riecht hier so? Ich rieche doch Gestank.
   In mildem Licht sprach Jakob Apfelböck:
   Es ist die Wäsche in dem Wäscheschrank.

9. Es sprach die Milchfrau einst, die täglich kam:
   Was riecht hier so? Es riecht, als wenn man stirbt!
   In mildem Licht sprach Jakob Apfelböck:
   Es ist das Kalbfleisch, das im Schrank verdirbt.

10. Und als sie einstens in den Schrank ihm sahn
    Stand Jakob Apfelböck in mildem Licht
    Und als sie fragten, warum er's getan
    Sprach Jakob Apfelböck: Ich weiß es nicht.

11. Die Milchfrau aber sprach am Tag danach:
    Ob wohl das Kind einmal, früh oder spät
    Ob Jakob Apfelböck wohl einmal noch
    Zum Grabe seiner armen Eltern geht?

Ballade von den Seeräubern

Bertolt Brecht · Satz: Kurt Schwaen

sie im Win- ter lieb) Aus Hun- ger, Fie- ber und Ge-
stank sang al- les was noch üb- rig blieb: O Him- mel,
strah- len- der A- zur! E- nor- mer Wind, die Se- gel bläh! Laßt Wind und
Him- mel fah- ren! Nur laßt uns um Sankt Ma- rie die See!

2. Kein Weizenfeld mit milden Winden
Selbst kein Schenke mit Musik
Kein Tanz mit Weibern und Absinthen
Kein Kartenspiel hielt sie zurück.
Sie hatten vor dem Knall das Zanken
Vor Mitternacht die Weiber satt:
Sie lieben nur verfaulte Planken
Ihr Schiff, das keine Heimat hat.
O Himmel, strahlender Azur!
Enormer Wind, die Segel bläh!
Laßt Wind und Himmel fahren! Nur
Laßt uns um Sankt Marie die See!

3. Mit seinen Ratten, seinen Löchern
Mit seiner Pest, mit Haut und Haar
Sie fluchten wüst darauf beim Bechern
Und liebten es, so wie es war.
Sie knoten sich mit ihren Haaren
Im Sturm in seinem Mastwerk fest:
Sie würden nur zum Himmel fahren
Wenn man dort Schiffe fahren läßt.
O Himmel, strahlender Azur!
Enormer Wind, die Segel bläh!
Laßt Wind und Himmel fahren! Nur
Laßt uns um Sankt Marie die See.

4. Sie häufen Seide, schöne Steine
Und Gold in ihr verfaultes Holz
Sie sind auf die geraubten Weine
In ihren wüsten Mägen stolz.
Um dürren Leib riecht toter Dschunken
Seide glühbunt nach Prozession
Doch sie zerstechen sich betrunken
Im Zank um einen Lampion.
O Himmel, strahlender Azur!
Enormer Wind, die Segel bläh!
Laßt Wind und Himmel fahren! Nur
Laßt uns um Sankt Marie die See!

5. Sie morden kalt und ohne Hassen
Was ihnen in die Zähne springt
Sie würgen Gurgeln so gelassen
Wie man ein Tau ins Mastwerk schlingt.
Sie trinken Sprit bei Leichenwachen
Nachts torkeln trunken sie in See
Und die, die übrigbleiben, lachen
Und winken mit der kleinen Zeh:
O Himmel, strahlender Azur!
Enormer Wind, die Segel bläh!
Laßt Wind und Himmel fahren! Nur
Laßt uns um Sankt Marie die See!

6. Vor violetten Horizonten
Still unter bleichem Mond im Eis
Bei schwarzer Nacht in Frühjahrsmonden
Wo keiner von dem andern weiß
Sie lauern wolfgleich in den Sparren
Und treiben funkeläugig Mord
Und singen, um nicht zu erstarren
Wie Kinder, trommelnd im Abort:
O Himmel, strahlender Azur!
Enormer Wind, die Segel bläh!
Laßt Wind und Himmel fahren! Nur
Laßt uns um Sankt Marie die See!

7. Sie tragen ihren Bauch zum Fressen
Auf fremde Schiffe wie nach Haus
Und strecken selig im Vergessen
Ihn auf die fremden Frauen aus.
Sie leben schön wie noble Tiere
Im weichen Wind, im trunknen Blau!
Und oft besteigen sieben Stiere
Eine geraubte fremde Frau.
O Himmel, strahlender Azur!
Enormer Wind, die Segel bläh!
Laßt Wind und Himmel fahren! Nur
Laßt uns um Sankt Marie die See!

8. Wenn man viel Tanz in müden Beinen
Und Sprit in satten Bäuchen hat
Mag Mond und zugleich Sonne scheinen:
Man hat Gesang und Messer satt.
Die hellen Sternennächte schaukeln
Sie mit Musik in süße Ruh
Und mit geblähten Segeln gaukeln
Sie unbekannten Meeren zu.
O Himmel, strahlender Azur!
Enormer Wind, die Segel bläh!
Laßt Wind und Himmel fahren! Nur
Laßt uns um Sankt Marie die See.

9. Doch eines Abends im Aprile
Der keine Sterne für sie hat
Hat sie das Meer in aller Stille
Auf einmal plötzlich selber satt.
Der große Himmel, den sie lieben
Hüllt still in Rauch die Sternensicht
Und die geliebten Winde schieben
Die Wolken in das milde Licht.
O Himmel, strahlender Azur!
Enormer Wind, die Segel bläh!
Laßt Wind und Himmel fahren! Nur
Laßt uns um Sankt Marie die See!

10. Der leichte Wind des Mittags fächelt
Sie anfangs spielend in die Nacht
Und der Azur des Abends lächelt
Noch einmal über schwarzem Schacht.
Sie fühlen noch, wie voll Erbarmen
Das Meer mit ihnen heute wacht
Dann nimmt der Wind sie in die Arme
Und tötet sie vor Mitternacht.
O Himmel, strahlender Azur!
Enormer Wind, die Segel bläh!
Laßt Wind und Himmel fahren! Nur
Laßt uns um Sankt Marie die See!

11. Noch einmal schmeißt die letzte Welle
Zum Himmel das verfluchte Schiff
Und da, in ihrer letzten Helle
Erkennen sie das große Riff.
Und ganz zuletzt in höchsten Masten
War es, weil Sturm so gar laut schrie
Als ob sie, die zur Hölle rasten
Noch einmal sangen, laut wie nie:
O Himmel, strahlender Azur!
Enormer Wind, die Segel bläh!
Laßt Wind und Himmel fahren! Nur
Laßt uns um Sankt Marie die See!

Mahagonnygesang Nr. 1

Bertolt Brecht · Satz: Kurt Schwaen

*) Mit soviel Gefühl wie möglich. Am besten eine Oktave höher.

Mahagonnygesang Nr. 2

Bertolt Brecht · Satz: Kurt Schwaen

1. Auf der See und am Land wer-den al- len Leu- ten ih- re Häu- te ab- ge- zo- gen,
2. Auf der See und am Land ist drum der Ver- brauch von fri- schen Häu- ten un- ge- heu- er.
3. Auf der See und am Land sie- het man die vie- len Got- tes- müh- len lang- sam mah- len,
dar- um sit- zen al- le Leu- te und ver- kau- fen al- le
Im- mer beißt es euch im Flei- sche, doch wer zahlt euch eu- re
und drum sit- zen vie- le Leu- te und ver- kau- fen vie- le
Häu- te, denn die Häu- te wer- den je- der- zeit mit Dol- lars auf- ge- wo- gen.
Räu- sche? Denn die Häu- te, die sind bil- lig, und der Whis- ky, der ist teu- er.
Häu- te, denn sie wolln so gern bar le- ben und so un- gern bar be- zah- len.
Wer in Ma- ha- gon- ny blieb, brauch- te je- den Tag fünf Dol- lar,
Wer in Ma- ha- gon- ny blieb, brauch- te je- den Tag fünf Dol- lar,
Wer in sei- nem Ko- ber bleibt, braucht nicht je- den Tag fünf Dol- lar,

und wenn er's be- son- ders trieb, brauch- te er viel- leicht noch ex- tra.
und wenn er's be- son- ders trieb, brauch- te er viel- leicht noch ex- tra.
und falls er nicht un- be-weibt, braucht er auch viel- leicht nicht ex- tra.
A- ber da- mals blie- ben al- le in Ma- ha- gon- nys Po- ker- drink- sa- lon,
A- ber da- mals blie- ben al- le in Ma- ha- gon- nys Po- ker- drink- sa- lon,
A- ber heu- te sit- zen al- le in des lie- ben Got- tes bil- li- gem Sa- lon,
1., 2.
sie ver- lo- ren in je- dem Fal- le, doch sie hat- ten was da- von.
sie ver- lo- ren in je- dem Fal- le, doch sie hat- ten was da- von.
sie ge- win- nen in je- dem Fal- le,
3.
und sie ha- ben nichts da- von.

Mahagonnygesang Nr. 3

Bertolt Brecht · Satz: Kurt Schwaen

1. Sauft ihr wie die Schwäm- me mei- nen
2. Lach- tet ihr am Frei- tag a- bend? Ma- ry
3. Kennt ihr die- se Pa- tro- nen? Schießt ihr
4. Ge- het al- le zur Höl- le! Steckt jetzt

1. gu- ten Wei- zen Jahr für Jahr? Kei- ner hat er- war- tet, daß ich
2. Wee- man sah ich ganz von fern wie 'nen Stock- fisch stumm im Salz- see
3. mei- nen gu- ten Mis- sio- nar? Soll ich wohl mit euch im Him- mel
4. die Vir- gi- nien in den Sack! Marsch mit euch in mei- ne Höl- le,

1. kä- me; wenn ich kom- me jetzt, ist al- les gar?
2. schwim- men, sie wird nicht mehr trok- ken, mei- ne Herrn.
3. woh- nen, se- hen eu- er grau- es Säu- fer- haar?
4. Bur- schen! In die schwar- ze Höl- le mit euch Pack!

1.–3. An- sa- hen sich die Män- ner von Ma- ha- gon- ny. Ja, sag- ten die
4. An- sa- hen sich die Män- ner von Ma- ha- gon- ny. Nein, sag- ten die
Män-ner von Ma- ha- gon-ny. An ei- nem grau- en Vor-mit- tag, mit- ten im
Män-ner von Ma- ha- gon-ny. An ei- nem grau- en Vor-mit- tag, mit- ten im
Whis- ky, kam Gott nach Ma- ha- gon- ny, kam Gott nach Ma- ha- gon- ny.
Whis- ky, kommst du nach Ma- ha- gon- ny, kommst du nach Ma- ha- gon- ny.
1.–3.
Mit- ten im Whis- ky be- merk- ten wir Gott in Ma- ha- gon- ny.
Mit- ten im Whis- ky fängst du an in Ma- ha-

4.
gon- ny!
5. Rüh- re kei- ner den Fuß jetzt!
Je- der- mann
streikt!
An den Haaren kannst du uns nicht in die Höl- le
zie- hen:
Weil wir
im- mer in der Höl- le
wa- ren.
An- sa- hen Gott die Männer von Ma- ha-
gon- ny.
Nein, sag- ten die Män- ner von Ma- ha- gon- ny.

15

Der Mann-ist-Mann-Song

Bertolt Brecht

1. auch noch nicht ge- sehn? Denn ich hab dich
2. auch heut schon ge- kotzt? Denn ich hab
3. auch bei Jen- ny ge- schla- fen? Denn ich hab
4. auch nichts zum Hin- ein- tun ge- habt? Denn ich hab
5. auch nicht, wo- hin du gehst? Denn ich weiß
1. auch noch nicht ge- sehn.
2. auch heut schon ge- kotzt!
3. auch bei Jen- ny ge- schla- fen!
4. auch nichts zum Hin- ein- tun ge- habt!
5. auch nicht, wo- hin ich geh.
Drauf kommt's nicht an,
denn ein Mann ist ein Mann.
Wie? War- um? Wann? A- ber
Tom, schau, dar- auf kommt es wirk- lich gar nicht an!
Denn Mann ist
3
3
f

Mann! Und darauf kommt's an! Denn Mann ist
Mann! Und dar- auf kommt's an! Die Son- ne
von Kil- ko- a scheint auf sie- ben-
tau- send Män- ner hin, die ster- ben al-

- le un- be- weint, und 's ist bei kei- nem schad um
ihn; drum sa- gen
wir: 's ist gleich, auf wen die
ro- te Son- ne von Kil- ko- a schien!
f
p

Barbara-Song

Bertolt Brecht · Satz: Kurt Schwaen

tu. Und wenn er Geld hat, und wenn er nett ist, —
toll. Und als sie Geld hat- ten, und als sie nett wa- ren, —
tat. Und als er kein Geld hat- te, und als er nicht nett war, —
— und sein Kra- gen ist auch werk- tags rein, — und wenn er weiß,
— und ihr Kra- gen war auch werk- tags rein, — und als sie wuß-ten,
— und sein Kra- gen war auch am Sonn- tag nicht rein, — und als er nicht
was sich bei ei- ner Da- me schickt, dann sa- ge, dann
was sich bei ei- ner Da- me schickt, da sag- te, da
wuß- te, was sich bei ei- ner Da- me schickt, zu ihm sag- te, zu ihm
sa- ge, dann sa- ge ich ihm «Nein». Da be- hält man sei- nen
sag- te, da sag- te ich ih- nen «Nein». Da be- hielt ich mei- nen
sag- te, zu ihm sag- te ich nicht «Nein». Da be- hielt ich mei- nen

Kopf o- ben, und man bleibt ganz all- ge- mein. Si- cher scheint der
Kopf o- ben, und ich blieb ganz all- ge- mein. Si- cher schien der
Kopf nicht o- ben, und ich blieb nicht all- ge- mein. Ach, es schien der
Mond die gan- ze Nacht, si- cher wird das Boot am U- fer los- ge- macht,
Mond die gan- ze Nacht, si- cher ward das Boot am U- fer los- ge- macht,
Mond die gan- ze Nacht, und es ward das Boot am U- fer fest- ge- macht,
a- ber wei- ter kann nichts sein. Ja, da kann man
a- ber wei- ter konn- te nichts sein. Ja, da kann man
und es konn- te gar- nicht an- ders sein! Ja, da muß man
sich doch nicht nur hin- le- gen, ja, da muß man kalt und herz- los
sich doch nicht nur hin- le- gen, ja, da mußt' ich kalt und herz- los
sich doch ein- fach hin- le- gen, ja, da kann man doch nicht kalt und herz- los

sein.
Ja, da könn- te so viel ge- sche- hen,
sein.
Ja, da könn- te doch viel ge- sche- hen,
sein.
Ach, da muß- te so viel ge- sche- hen,
ach, da gibt's ü- ber-haupt nur: Nein.
2. Der
a- ber da gibt's ü- ber-haupt nur: Nein.
3. Je-
ja, da gab's ü- ber-haupt kein Nein.

Die Seeräuber-Jenny

Bertolt Brecht · Satz: Kurt Schwaen

A- ber ei- nes A-bends wird ein Ge- schrei sein am Ha- fen, und man fragt: Was ist
A- ber ei- nes A-bends wird ein Ge- tös sein am Ha- fen, und man fragt: Was ist
das für ein Ge- schrei? Und man wird mich lä- cheln sehn bei mei- nen
das für ein Ge- tös? Und man wird mich ste- hen se- hen hin- term
Glä- sern, und man sagt: Was lä- chelt die da- bei? Und ein
Fen- ster, und man sagt: Was lä- chelt die so bös? Und das
Schiff mit acht Se- geln und mit fünf- - zig Ka-
Schiff mit acht Se- geln und mit fünf- - zig Ka-
no- nen wird lie- gen am Kai.
no- nen wird be- schie- ßen die Stadt.
1.
2.

3. Mei- ne Her- ren, da wird wohl Ihr La- chen auf- hörn, denn die
Mauern werden fal- len hin, und die Stadt wird gemacht dem Erd- bo- den gleich, nur ein
(gesprochen)
lum- pi- ges Ho- tel wird ver- schont von je- dem Streich, und man fragt: Wer wohnt
Besonderer darin? Und man fragt: Wer wohnt Be- son- de- rer dar- in?
Und in die- ser Nacht wird ein_ Ge- schrei um das Ho- tel sein, und man

fragt: War- um wird das Ho- tel ver- schont? Und man
wird mich se- hen tre- ten aus der Tür gen Mor- gen, und man
sagt: Die hat dar- in ge- wohnt? Und das Schiff
mit acht Se- geln und mit fünf- - zig Ka-
no- nen wird be- flag- - gen den Mast.

4. Und es wer- den kom- men hun- dert gen Mit- tag an Land und
wer- den in den Schat- ten tre- ten und fan- gen ei- nen jeg- li- chen aus
jeg- li- cher Tür und le- gen ihn in Ket- ten und brin- gen vor mir
(gesprochen)
und fragen: Welchen sollen wir töten? Und fra- gen: Welchen sol- len wir tö- ten?
Und an die- sem Mit- tag wird es still sein am Ha- fen, wenn man

fragt, wer wohl ster- ben muß. Und dann
wer- den Sie mich sa- gen hö- ren: Al- le! Und wenn
dann der Kopf fällt, sag ich: Hopp-la! Und das Schiff
mit acht Se- geln und mit fünf- - zig Ka-
no- nen wird ent- schwin- - den mit mir.

Erinnerung an die Marie A.

Bertolt Brecht/Franz S. Bruinier (»nach einer alten Melodie«)

uns im schö- nen Som- mer- him- mel war ei- ne Wol- ke, die ich lan- ge
dir: ich kann mich nicht er- in- nern, und doch, ge- wiß, ich weiß schon, was du
bäu- me blühn viel- leicht noch im- mer, und je- ne Frau hat jetzt viel- leicht das sieb- te
sah, sie war sehr weiß und un- ge- heu- er o- ben, und als ich
meinst. Doch ihr Ge- sicht, das weiß ich wirk- lich nim- mer, ich weiß nur
Kind, doch je- ne Wol- ke blüh- te nur Mi- nu- ten, und als ich
1.–2.
3.
auf- sah, war sie nim- mer da.
2. Seit je- nem
mehr: ich küß- te es der- einst.
3. Und auch den
auf- sah, schwand sie schon im Wind.

19

Ballade vom Weib und dem Soldaten

Bertolt Brecht / Franz S. Bruinier

ab nach dem Sü-den, nach dem Nor- den hin- auf, und das Mes-ser fängt er mit den
weiß der Mond ü- berm Mon- ge-fluß steht, kom- men wir wie- der; nimm's
Kühl stand der Mond ü- berm Mon- ge-fluß weiß, doch der Sol- dat trieb hin-
(1. u. 2.:)
1.- 2.
3.
Hän- den auf! Sag- ten zum Weib die Sol- da- ten.
auf ins Ge- bet! Sag- ten zum Weib die Sol- da- ten.
ab mit dem Eis, und was sag- ten dem Weib die Sol- da- ten?
sfz
(gesprochen)
4. Er verging wie der Rauch, und die Wärme ging auch, und es wärmten sie nicht seine Taten.
Ach, bitter bereut, wer des Weibes Rat scheut! Sagte das Weib zum Soldaten.
sfz

Erinnerung an die Marie A.

Franz S. Bruinier

Traum. Und ü- ber uns im schö- nen Som- mer- him- mel war ei- ne
sei? So sag ich dir: ich kann mich nicht er- in- nern, und doch, ge-
her. Die Pflau- men- bäu- me blühn viel- leicht noch im- mer, und je- ne
Wol- ke, die ich lan- ge sah, sie war sehr weiß und
wiß, ich weiß schon, was du meinst. Doch ihr Ge- sicht, das
Frau hat jetzt viel- leicht das sieb- te Kind, doch je- ne Wol- ke
un- ge- heu- er o- ben, und als ich auf- sah, war sie nim- mer
weiß ich wirk- lich nim- mer, ich weiß nur mehr: ich küß- te es der-
blüh- te nur Mi- nu- ten, und als ich auf- sah, schwand sie schon im
1.–2.
3.
da.
einst.
Wind.
pp

Ballade von der Hanna Cash

Franz S. Bruinier

Marcia
war die Han- na Cash, mein Kind, die die »Gent- le- men« ein- ge-
seift, die kam mit dem Wind und ging mit dem Wind, der
in die Sa- van- nen läuft.
1.–7.
2. Die
8.
wett!
sfz
8

2. Die hatte keine Schuhe und die hatte auch kein Hemd
Und die konnte auch keine Choräle!
Und sie war wie eine Katze in die große Stadt geschwemmt
Eine kleine graue Katze zwischen Hölzer eingeklemmt
Zwischen Leichen in die schwarzen Kanäle.
    Sie wusch die Gläser vom Absinth
    Doch nie sich selber rein
    Und doch muß die Hanna Cash, mein Kind
    Auch rein gewesen sein.

3. Und sie kam eines Nachts in die Seemannsbar
Mit den Augen der schwarzen Seen
Und traf J. Kent mit dem Maulwurfshaar
Den Messerjack aus der Seemannsbar
Und der ließ sie mit sich gehn!
    Und wenn der wüste Kent den Grind
    Sich kratzte und blinzelte
    Dann spürt die Hanna Cash, mein Kind
    Den Blick bis in die Zeh.

4. Sie «kamen sich näher» zwischen Wild und Fisch
Und «gingen vereint durchs Leben»
Sie hatten kein Bett und sie hatten keinen Tisch
Und sie hatten selber nicht Wild noch Fisch
Und keinen Namen für die Kinder.
    Doch ob Schneewind pfeift, ob Regen rinnt
    Ersöff auch die Savann
    Es bleibt die Hanna Cash, mein Kind
    Bei ihrem lieben Mann.

5. Der Sheriff sagt, daß er ein Schurke sei
Und die Milchfrau sagt: er geht krumm.
Sie aber sagt: Was ist dabei?
Er ist mein Mann. Und sie war so frei
Und blieb bei ihm. Darum.
    Und wenn er hinkt und wenn er spinnt
    Und wenn er ihr Schläge gibt:
    Es fragt die Hanna Cash, mein Kind
    Doch nur: ob sie ihn liebt.

6. Kein Dach war da, wo die Wiege war
Und die Schläge schlugen die Eltern.
Die gingen zusammen Jahr für Jahr
Aus der Asphaltstadt in die Wälder gar
Und in die Savann aus den Wäldern.
    Solang man geht in Schnee und Wind
    Bis daß man nicht mehr kann
    So lang ging die Hanna Cash, mein Kind
    Nun mal mit ihrem Mann.

7. Kein Kleid war arm, wie das ihre war
Und es gab keinen Sonntag für sie
Keinen Ausflug zu dritt in die Kirschtortenbar
Und keinen Weizenfladen im Kar
Und keine Mundharmonie.
    Und war jeder Tag, wie alle sind
    Und gab's kein Sonnenlicht:
    Es hatte die Hanna Cash, mein Kind
    Die Sonn stets im Gesicht.

8. Er stahl wohl die Fische, und Salz stahl sie.
So war's. «Das Leben ist schwer.»
Und wenn sie die Fische kochte, sieh:
So sagten die Kinder auf seinem Knie
Den Katechismus her.
    Durch fünfzig Jahr in Nacht und Wind
    Sie schliefen in einem Bett.
    Das war die Hanna Cash, mein Kind
    Gott mach's ihr einmal wett!

22

Die Moritat vom Mackie Messer

Kurt Weill

Mei- er bleibt ver- schwun- den, und so
p
man- cher rei- che Mann, und sein
Geld hat Mak- kie Mes- ser, dem man
nichts be- - - wei- sen kann. 4. Jen- ny
mf
mf

Tow- ler ward ge- fun- den mit 'nem
Mes- ser in der Brust, und am
Kai geht Mak- kie Mes- ser, der von
al- lem nichts ge- wußt. 5. Und das
p

gro- ße Feu-er in So- ho, sie- ben Kin- der
und ein Greis, in der Men- ge Mak- kie
Mes- ser, den man nicht fragt und der nichts weiß.
6. Und die min- der- - - jäh- ri- ge Wit- we, de- ren
mf

f
Na- men jeder weiß, wach- te auf und
war ge- schän- det – Mak- kie, wel- ches war dein
f
p subito
Preis, wach- te auf und war ge- schän- det–
(espr.)
f
p subito
pp
Mak- kie, wel- ches war dein Preis?
pp

23

Die Seeräuber-Jenny

Kurt Weill

re- den. A- ber ei- nes A- bends wird ein Ge- schrei sein am Ha- fen, und man
bin. A- ber ei- nes A- bends wird ein Ge- tös sein am Ha- fen, und man
in? Und in die- ser Nacht wird ein Ge- schrei um das Ho- tel sein, und man
fragt: Was ist das für ein Ge- schrei? Und man wird mich lä- cheln sehn bei mei- nen
fragt: Was ist das für ein Ge- tös? Und man wird mich ste- hen se- hen hin- term
fragt: War- um wird das Ho- tel ver- schont? Und man sieht mich tre- ten aus der Tür gen
Glä- sern, und man sagt: Was lä- chelt die da- bei? Und ein
Fen- ster, und man sagt: Was lä- chelt die so bös? Und das
Mor- gen, und man sagt: Die hat dar- in ge- wohnt? Und das
Breit
Schiff mit acht Se- geln und mit fünf- zig Ka- no- nen wird lie- gen am Kai.
Schiff mit acht Se- geln und mit fünf- zig Ka- no- nen wird be- schie- ßen die Stadt.
Schiff mit acht Se- geln und mit fünf- zig Ka- no- nen wird be- flag- gen den Mast.

Meno mosso (wie ein langsamer Marsch)

p
tö- ten? Und an die- sem Mit- tag wird es still sein am Ha- fen, wenn man
Triangel
fragt, wer wohl ster- ben muß. Und dann wer- den sie mich sa- gen hö- ren:
(frei gesprochen)
Alle! Und wenn dann der Kopf fällt, sag ich: Hopp- la! Und das
(pp)
pp
Breit
Schiff mit acht Se- geln und mit fünf- zig Ka- no- nen wird ent- schwin- den mit mir.

24

Der Kanonen-Song

Kurt Weill

Refrain
1.–3. Sol- da- ten woh- nen auf den Ka- no- nen vom Cap bis
Couch Be- har.
Wenn es mal reg- ne- te, und es be-
geg- ne- te ih- nen 'ne neu- e Ras- se, 'ne brau- ne– o- der blas- se, dann
ma- chen sie viel- leicht dar- aus ihr Beef- steak Tar- tar.
1.–2.
3.
tar.
Becken

25

Der Barbara-Song

Kurt Weill

Più animato
«Nein.»
Da be- hält man sei- nen Kopf o- ben, und man bleibt ganz all- ge-
accel.
mein.
Si- cher scheint der Mond die ganze Nacht,
sicher wird das Boot am U- fer
los- ge- macht,
a- ber weiter kann nichts sein.
rit.
Ja, da
Breit
kann man sich doch nicht nur
hin- le- gen, ja, da muß man kalt und herz- los sein.
Ja, da
könn- te so viel ge- sche- hen,
rit.
a tempo
ach, da gibt's ü- ber- haupt nur:

Moderato assai
p
Nein.
2. Der er- ste, der kam, war ein
Mann aus Kent, und der war, wie ein Mann sein soll.
Der zwei- te, der hat- te drei
Schif- fe im Ha- fen, und der drit- te, der war nach mir toll.
Und als sie Geld hat- ten,
und als sie nett wa- ren, und ihr Kra- gen war auch werk- tags rein, und als sie

poco rit.
wuß- ten, was sich bei ei- ner Da- me schickt, da sag- te ich ih- nen:
Più animato
f
«Nein.» Da be- hielt ich meinen Kopf o- ben, und ich blieb ganz all- ge-
accel.
f
mf
mein. Si- cher schien der Mond die ganze Nacht, si- cher ward das
mf
p
Boot am U- fer los- ge- macht, a- ber wei- ter konn- te nichts sein. Ja, da
pp
p

Breit
kann man sich doch nicht nur hin- le- gen, ja, da mußt' ich
kalt und herz- los sein. Ja, da könn- te doch viel ge-
rit.
a tempo
sche- hen, ach, da gibt's ü- ber- haupt nur: Nein.
Moderato assai
p
3. Je- doch ei- nes Tags, und der Tag, der war blau, da kam
p

ei- ner, der mich nicht bat. Und er häng- te sei- nen Hut an den
Na- gel in mei- ner Kam- mer, und ich wuß- te nicht mehr, was ich
tat. Und als er kein Geld hat- te und als er nicht nett war,
und sein Kra- gen war auch sonn- tags nicht rein, und als er

poco rit.
nicht wuß- te, was sich bei ei- ner Da- me schickt, zu ihm sag- te ich nicht
Più animato
f
«Nein.» Da be- hielt ich mei-nen Kopf nicht o- ben, und ich
accel.
f
blieb nicht all- ge- mein.
mf
Ach, es schien der Mond die
mf
gan- ze Nacht, und es ward das Boot am U- fer

rit.
fest- ge- macht, und es konn- te gar nicht an- ders sein! Ja, da
Breit
muß man sich doch ein- fach hin- le- gen, ja, da kann man doch nicht
kalt und herz- los sein. Ach, da muß- te so viel ge-
rit.
a tempo
sche- hen, ja, da gab's ü- ber- haupt kein Nein.

26

Die Ballade von der sexuellen Hörigkeit

Kurt Weill

glaubt nicht an die Bi-bel, nicht ans B. G. B. Er meint, er ist der größ- te E- go- ist, weiß,
hält sich an die Bi-bel, der ans B. G. B. Der wird ein Christ! Der wird ein An- ar-chist! Am
ist schon so-wie-so ver- kauft mit Haut und Haar, bei ihr hat er den Ju- das- lohn ge-sehn, und
daß wer'n Weib sieht, schon ver- scho- ben ist und läßt kein Weib in sei- ne
Mit-tag zwingt man sich, daß man nicht Sell'- rie frißt Nach-mit- tags weiht man sich noch 'ner I-
er be- ginnt nun zu ver- stehn, daß ihm des Wei- bes Loch das Grab- loch
Näh: Er soll den Tag nicht vor dem A- bend lo- ben, denn vor es
dee. Am A- bend sagt man: mit mir geht's nach o- ben, und vor es
war. Und er mag wü- ten ge- gen sich und to- ben – be- vor es
Nacht wird, liegt er wie- der dro- ben.
Nacht wird, liegt man wie- der dro- ben.
Nacht wird, liegt er wie- der dro- ben.

27

Die Zuhälterballade

Kurt Weill

auch. Und wenn ein Frei- er kam, kroch ich aus un- serm Bett und drück- te
auch. Da wur- de ich a- ber tückisch, ja, na weißte! Ich fragt ihn
Tag!) (Sie:) War ich dann auch ein- mal hops von dir (Er:) Da mach- ten
p
mich zu mei- nem Kirsch und war sehr nett, und wenn er blech- te, sprach ich zu ihm:
manch- mal ,di- rekt, was er sich er- drei- ste! Da hat er mir a- ber eins ins Zahn- fleisch ge-
wir's dann so: ich lag dann un- ter ihr, (Sie:) weil er das Kind nicht schon im Leib er- drücken
Herr, wenn Sie mal wie- der wol- len – bit- te sehr. So hiel- ten
langt, da bin ich manch- mal di- rekt drauf er- krankt! (Beide:) Das war so
woll- te, (Er:) das a- ber dann doch in die Bin- sen ge- hen soll- te. Und dann war
mf
mf
wir's ein gu- tes hal- bes Jahr in dem Bor- dell, wo un- ser
schön in die- sem hal- ben Jahr in dem Bor- dell, wo un- ser
auch bald aus das hal- be Jahr in dem Bor- dell, wo un- ser

Haus- halt war.
Haus- halt war.
Haus- halt war.
p
p
r. H.
pp

28

Die Ballade vom angenehmen Leben

Kurt Weill

Le- ben le- be, wer da mag! Ich ha- be (un- ter uns) ge- nug da-
von. Kein Vö- gel- chen von hier bis Ba- by- lon ver-
trüge die- se Kost nur ei- nen Tag. Was hilft da Frei- heit? Es ist nicht be-
quem. Nur wer im Wohlstand lebt, lebt an- ge- nehm! 2. Die
p
p

A- ben- teu- rer mit dem küh- nen We- sen und
8
Becken
ih- rer Gier, die Haut zu Markt zu tra- gen, die
8
Becken
stets so frei sind und die Wahr- heit sa- gen, da-
8
stacc.
mit die Spie- ßer et- was Küh- nes le- sen: Wenn man sie
8
p

sieht, wie das am A-bend friert, mit kal-ter Gat-tin stumm zu Bet- te
geht und horcht, ob niemand klatscht und nichts ver- steht, und
trostlos in das Jahr fünf- tausend stiert – jetzt frag ich Sie nur noch: Ist das be-
quem? Nur wer im Wohlstand lebt, lebt an- ge- nehm! 3. Ich
p
p
p
p

sel- ber könn- te mich durch- aus be- grei- fen, wenn
ich mich lie- ber groß und ein- sam sä- he. Doch
sah ich sol- che Leu- te aus der Nä- he, da
stacc.
sagt' ich mir: Das mußt du dir ver- knei- fen. Ar- mut bringt
p

au- ßer Weis- heit auch Ver- druß, und Kühnheit au ßer Ruhm auch bitt- re
Mühn. Jetzt warst du arm und ein- sam, weis' und kühn, jetzt
machst du mit der Grö- ße a- ber Schluß. Dann löst sich ganz von selbst das Glückspro-
p
blem: Nur wer im Wohl- stand lebt, lebt an- ge- nehm!
p
pp
Becken

Das Lied von der Unzulänglichkeit menschlichen Strebens

Kurt Weill

mach nur ei- nen Plan, sei nur ein gro- ßes Licht! Und mach dann noch 'nen
zwei- ten Plan, gehn tun sie bei- de nicht. Denn für die- ses Le- ben
ist der Mensch nicht schlecht ge- nug. Doch sein höh'- res Stre- ben
ist ein schö- ner Zug. 3. Ja, renn nur nach dem Glück, doch ren- ne nicht zu
sehr! Denn al- le ren- nen nach dem Glück, das Glück rennt hin- ter- her.

Denn für die- ses Le- ben ist der Mensch nicht an- spruchs- los ge- nug,
drum ist_ all sein Stre- ben nur ein Selbst- be- trug. 4. Der Mensch ist gar nicht
p
Becken
gut, drum hau ihn auf den Hut. Hast du ihn auf den Hut ge- haut, dann
wird er vielleicht gut. Denn für die- ses Le- ben ist der Mensch nicht gut ge-
nug, dar- um_ haut ihn e- ben ru- hig auf den Hut.

Der Bilbao-Song

Kurt Weill

(1.–2.)
ein- gekommen wä-ren, ich weiß ja nicht, ob Ih- nen so was grad ge- fällt. Ach!
bei- ge-we- sen wä-ren, ich weiß ja nicht, ob Ih- nen so was grad ge- fällt. Ach!
ein- ge- se- gelt kä- men, 's ist ja mög- lich, daß es Ih- nen so ge- fällt. Nur mir per-
(1.–2.)
(1.–2.)
Bran- dy- lachen waren, wo man saß, auf dem Tanzboden wuchs das Gras,
Bran- dy- lachen waren, wo man saß, auf dem Tanzboden wuchs das Gras,
sön- lich macht so was kei- nen Spaß, auf dem Tanzboden wächst kein Gras,
und der ro- te Mond schien durch das Dach. 'ne Mu- sik gab's da, man konn- te sich be-
und der ro- te Mond schien durch das Dach, und vier Her- ren konn-ten Sie mit ih- ren
und der ro- te Mond ist ab- be- stellt. 'ne Mu- sik machen sie, da kann man sich nur
p
schwe- ren für sein Geld! Joe, mach die Mu- sik von da- mals nach.
Brow-nings schie ßen hör'n. (gesprochen:) Sind Sie'n Held? Na, dann machen Sie's mal nach . . . 1.–3. Al- ter Bil-
schä- men für sein Geld! Joe, mach die Mu- sik von da- mals nach.
p

ba- o- mond, da, wo noch Lie- be lohnt, al- ter Bil-
ba- o- mond, er war Bra- sil ge- wohnt, al- ter Bil-
ba- o- mond, das hab ich oft be- tont, al- ter Bil-
ba- o- mond, mich hat er nie ge- schont. Ich weiß ja
f
f

nicht, ob Ihnen so was grad ge- fällt, doch es war das
Schön- ste, es war das Schön- ste, es war das
1.–2.
Schön- ste auf der Welt.
2. Bills
3. Bills
p
3.
Schön- ste auf der Welt.
p
pp

Der Matrosen-Song

Kurt Weill

frei. Na, da sind sie e- ben, jetzt so frei. Denn an- de- re Zi-
gar- ren, die rau- chen wir nicht, und wei- ter wie Bir- ma reicht dem Ka- sten der
Rauch nicht, und ei- nen lie- ben Gott, den brauchen wir nicht, und ei- nen
An- stand, den brau- chen wir auch nicht. Na al- so, good- bye! Und das

se- gelt so hin — und das kommt auch mal an, und ein lie- ber Gott läßt sich nicht
blik- ken. Und dem lie- ben Gott, dem liegt viel- leicht auch gar nichts dar- an, und
wenn, dann muß er sich drein schik- ken. Na al- so, good- bye! Mit
Mensch- bei- mir-nicht und Na- wat- denn- mein-Sohn, und fehlt's wo, dann laß mich's mal

wis- sen, und 'ne fei- ne- re Re- gung nicht um 'ne Mil- lion, da
f
wird eb'n auf al- les ge- pfif- fen. Und das Meer ist blau, so blau, —
p
p
und das geht al- les sei- nen Gang, und wenn die Cho- se
aus ist, dann fängt's von vor-ne an. Und das Meer ist
f
f

mf
blau, so blau — und das geht ja auch noch lang, und das Meer ist
mf
p
blau, so blau, und das Meer ist blau, so blau, und das Meer ist
p
p
blau, so blau, das Meer ist blau.
p
f
2. Hal-lo, da könn- ten wir zum
stacc.

Bei-spiel mal ins Ki- no gehn, das ko- stet Geld, das hat doch kein Ge-wicht.

Ja, grau- e Haa- re wach- sen las- sen wir uns nicht, Leu- te wie wir, die

müs- sen sich auch mal a- mü-sie- ren. Denn für uns, da gibt es kei- ne

Pflicht. Denn für sie da gibt es kei- ne Pflicht. Zi-

gar- ren un- ter fünf Cent, die rau- chen sie nicht, und— Schwarz- brot ver- trägt doch ihr
Bauch nicht, und für's an- de- re sor- gen, das brau- chen sie
nicht, und mal in sich ge- hen, brau- chen die auch nicht, das
hat kein Ge- wicht. Und das lebt so da- hin und das stellt so- was
an, und ein lie- ber Gott läßt sich nicht blik- ken, und dem

lie- ben Gott, dem liegt viel- leicht auch gar nichts dar- an, und
wenn, dann muß er sich drein schik-ken, ja, war- um denn nicht? Mit
Mensch- bei- mir- nicht und Na- wat- denn- mein- Sohn und fehlt's wo, dann
laß mich's mal wis- sen, und 'ne fei- ne- re Re- gung nicht
um 'ne Mil- lion, da wird eb'n auf al- les ge- pfif- fen. Und das Meer ist

blau, so blau– und das geht al- les sei-nen Gang – und wenn die Cho- se
aus ist, dann fängt's von vor- ne an.
f
Und das Meer ist
f
blau, so blau – und das geht ja auch noch lang,
mf
und das Meer ist
mf
blau, so blau, und das Meer ist blau, so blau,
p
und das Meer ist
p

rit.
p
blau, so blau, das Meer ist blau.
(gesprochen:) 3. Jetzt braucht da nur einmal ein Sturm zu kommen.
Na ja,
p
da ist ja schon das Dock von Birma. Halt du, das ist doch nur 'ne schwarze Wolkenwand, Mensch, und
die Wellen, 's ist ja aller- hand! Mensch, das verschlingt uns ja die ganze Firma. Ja, da
sind wir ja jetzt glatt am Rand. Ja, da sind sie e- ben jetzt am Rand.

Bald sinkt das Schiff zu Grund, das Meer geht drü- ber, und die ver-sun-ken sind, sucht nur der
stacc.
Hai im See, da hilft kein Whis- ky mehr und kei- ne Hen-ry Clay.
Wo's jetzt hin-geht, da geht kein Mäd-chen mehr mit rü- ber, ja, da heißt's auf ein- mal
jetzt good- bye, ja, da heißt's auf ein- mal jetzt good- bye! Und das

Was-ser, das steigt, und das Schiff, das versinkt, und ein ret- ten-der Strand läßt sich nicht
blik- ken. Nur ein Schiff, das nicht schwimmt, nur ein Strand, der nicht winkt, na, da
muß ein je- der sich drein schik-ken. Na al- so, good- bye! Da hört man auf
ein-mal kei- ne großen Re- den mehr, da sind sie auf ein-mal al- le ganz klein. Da

plap- pern sie plötz- lich al- le ein Va- ter- un- ser her, da
will's plötz-lich kei- ner mehr ge- we- sen sein. Denn jetzt ist's vor- bei, und
jetzt will ich euch mal was sa- gen: das ken- nen wir schon! Da
wird ein Le- ben lang das Maul auf- ge- ris- sen, und steht so was dann vor
Got- tes Thron, dann wird in die Ho- sen ge- schis- sen. Ja, das Meer ist
f
p

blau, so blau— und das geht al- les sei- nen Gang, nur
wenn die Cho-se aus ist, fängt's nicht von vor-ne an.
f
Ja, das Meer ist blau, so blau— und das geht ja auch noch lang,
mf
ja, das Meer ist blau, so blau, ja, das Meer ist blau, so blau,
p
rit.
ja, das Meer ist blau, so blau, das Meer ist blau.

32

Der Song von Mandelay

Kurt Weill

Mensch in Man- de- lay? Men- scher sind das Schön- ste
ist in Man- de- lay Da- mals gab's noch Men- scher
f
auf der Welt, denn sie sind, zum
auf der Welt, und die wa- ren
Teu- fel, wert ihr Geld. Und es wä- re
e- ben wert ihr Geld. Jetzt ist e- ben
mf
al- les ein-fach in der Ordnung, wenn der Mensch, der drin ist,
nichts mehr auf der Welt in Ordnung, und ein' Puff wie die- sen
nicht so lang- sam wär. Nehmt den Brow-ning, schießt mal durch das Tür- chen,
kennt man heut nicht mehr, kei- nen Brow-ning mehr und auch kein Tür- chen,
f

denn der Mensch, der drin- nen, hin-dert den Ver- kehr.
wo kein Mensch ist, da ist auch kein Ver- kehr.
1.–2. Ra-scher, John-ny, he, ra- scher, John- ny, he, stimmt ihn an, den
mf
Song von Man-de- lay! Lie- be, die ist
Becken
p
doch an Zeit nicht ge- bun- den. John- ny, mach

rasch, denn hier geht's um Se- kun- den! E- wig
1.x f
2.x p
nicht ste- het der Mond über dir, Man- de- lay,
e- wig nicht ste- het der Mond ü- ber dir!
1.
2.
dir!
mf cresc. sempre
sff

33

Das Lied vom Surabaya-Johnny

Kurt Weill

mf
Ei- sen-bahn und nichts zu tun mit der See. Du sag- test
Spie- gel wie ei- ne Vier- zig- jäh- ri- ge. Du woll- test nicht
mf
viel, John- ny, kein Wort war wahr, John- ny, du hast mich be-
Lie- be, John- ny, du woll- test Geld, John- ny, ich a- ber
tro- gen, John- ny, zur er- sten Stund, ich has- se dich so, John- ny, wie du da- stehst und
sah, John- ny, nur auf dei- nen Mund. Du ver- lang- test al- les, John- ny, ich gab dir
(gesprochen)
p
grinst, John- ny, nimm doch die Pfei- fe aus dem Maul, du Hund!
mehr, John- ny, nimm doch die Pfei- fe aus dem Maul, du Hund!
1.–2. Su- ra-
p

ba- ya-John-ny, war- um bist du so roh? Su- ra- ba- ya-John-ny,
(gesprochen)
mein Gott, und ich liebe dich so. Su- ra- ba- ya-John-ny, war-um
bin ich nicht froh? Du hast kein Herz, John-ny, und ich lie- be dich
so. 3. Ich_ ha- be es nicht be- ach-tet, war- um du *den* Na-men
hast, doch an der_ gan-zen lan-gen Kü- ste warst du ein be- kann- ter
p
p

Gast. Ei- nes Morgens in ei- nem Six- pence-bett werd ich don- nern hö- ren die
See, und du gehst, oh- ne et- was zu sa- gen, und dein Schiff liegt un- ten am
f
Kai. Du hast kein Herz, John- ny, du bist ein Schuft, John-ny, du gehst jetzt
weg, John-ny, sag mir den Grund. Ich lie-be dich doch, John- ny, wie am er- sten
(gesprochen)
Tag, John-ny, nimm doch die Pfei- fe aus dem Maul, du Hund. Su- ra-
p

ba- ya-John- ny, war- um bist du so roh? Su- ra-
(gesprochen)
ba- ya-John- ny, mein Gott, und ich liebe dich so. Su- ra-
ba- ya-John- ny, war- um bin ich nicht froh? Du hast kein
Herz, John- ny, und ich lie- be dich so.

34

Das Lied von der harten Nuß

Kurt Weill

nuß, was der klei- ne Mann dann e- ben
mit der Nuß aus- hal- ten muß. Nur da nicht
weich werd'n, um Got- tes wil- len nicht weich werd'n,
nur im- mer ru- hig 'rein- ge- hau- en auf die Nuß.
So'n klei- ner Mann macht näm- lich im- mer so'n The- a- ter,

nur nicht drum küm- mern, Mann, du bist doch nicht sein Va- ter.
Nur jetzt nicht weich werd'n, um Got- tes wil- len nicht
weich werd'n, nur kei- ne No- bles- se, son- dern ei- ne in die
Fres- se, im- mer ei- ne in die Fres- se.
f
ff

35

Die Ballade vom ertrunkenen Mädchen

Kurt Weill

mf
Tang und Al- gen hiel- ten sich an ihr ein,
p
so daß sie lang- sam viel
mf
Tang und Al- gen hiel- ten sich an ihr ein,
p
so daß sie lang- sam viel
mf
Tang und Al- gen hiel- ten sich an ihr ein,
p
so daß sie lang- sam viel
schwe- rer ward. Kühl die Fi- sche schwammen an ih- rem Bein,
f
Pflan- zen und
schwe- rer ward. Kühl die Fi- sche schwammen an ih- rem Bein,
f
Pflan- zen und
schwe- rer ward. Kühl die Fi- sche schwammen an ih- rem Bein,
f
Pflan- zen und
Tie- re be- schwer- ten noch ih- re letz- te Fahrt.
(p)
Und der Him- mel ward a- bends
Tie- re be- schwer- ten noch ih- re letz- te Fahrt.
(p)
Und der Him- mel ward a- bends
Tie- re be- schwer- ten noch ih- re letz- te Fahrt.
(p)
Und der Him- mel ward a- bends
col 8va bassa ad libitum sin' al fine

dun- kel wie Rauch und hielt nachts mit den Ster- nen das Licht in der
dun- kel wie Rauch und hielt nachts mit den Ster- nen das Licht in der
dun- kel wie Rauch und hielt nachts mit den Ster- nen das Licht in der
Schwe- be. A- ber früh war er hell, da- mit es auch für
Schwe- be. A- ber früh war er hell, da- mit es auch für
Schwe- be. A- ber früh war er hell, da- mit es auch für
(mf)
sie noch Mor- gen und A- bend ge- be. Als ihr blei- cher Leib im Was- ser ver-
(mf)
sie noch Mor- gen und A- bend ge- be. Als ihr blei- cher Leib im Was- ser ver-
(mf)
sie noch Mor- gen und A- bend ge- be. Als ihr blei- cher Leib im Was- ser ver-

fau- let war, ge- schah es (sehr lang-sam), daß Gott sie all- mäh- lich ver- gaß,
fau- let war, ge- schah es (sehr lang-sam), daß Gott sie all- mäh- lich ver- gaß,
fau- let war, ge- schah es (sehr lang-sam), daß Gott sie all- mäh- lich ver- gaß,
erst ihr Ge- sicht, dann die Hän- de und zu- letzt erst ihr Haar.
erst ihr Ge- sicht, dann die Hän- de und zu- letzt erst ihr Haar.
erst ihr Ge- sicht, dann die Hän- de und zu- letzt erst ihr Haar.
Dann ward sie Aas in Flüs-sen mit vie- - - - lem Aas.
Dann ward sie Aas in Flüs-sen mit vie- - - - lem Aas.
Dann ward sie Aas in Flüs-sen mit vie- - lem Aas.

Zu Potsdam unter den Eichen

Kurt Weill

Staub, da tru- gen sech- se ei- nen Sarg mit
Helm und Ei- chen- laub. Und auf dem Sar- ge mit
Glocken
Men- ni- ge- rot, da war ge- schrie- ben ein Reim, die
Buch- sta- ben sa- hen häß- lich aus: »Je- dem Krie- ger sein

Heim! Je- dem Krie- ger sein Heim!« Das war zum An- ge-
den- ken an man- chen to- - ten Mann, ge-
bo- ren in der Hei- mat, ge- fal- len am Chemin des
Dames. Ge- kro- chen einst mit Herz und Hand dem Va- ter- land auf den
mf
p

Leim, be- lohnt mit dem Sar- ge vom Va- ter- land: Je- dem Krie-ger sein
Heim! So zo- gen sie durch Pots- dam für den
p
Mann am Chemin des Dames, da kam die grü- ne
Po- li- zei und hau- te sie zu- samm.
f

37

Denn wie man sich bettet, so liegt man

Kurt Weill

mf
sagt. A- ber ich sa- ge euch: Dar- aus wird nichts! Das
sagt, doch, so- lang man täg- lich äl- ter wird, da
könnt ihr nicht ma- chen mit mir! Was aus mir noch wird, das wer- den wir
wird nicht nach Lie- be ge- fragt, da muß man sei- ne kur- ze Zeit be-
mf
rit.
f
sehn! Ein Mensch ist kein Tier!
nüt- zen. Ein Mensch ist kein Tier!
a tempo (ruhig)
p
1.–2. Denn wie man sich bet- tet, so
liegt man, es deckt ei- nen da kei- ner zu,

und wenn ei- ner tritt, dann bin ich es, und wird
ei- ner ge- tre- ten, dann bist's du.
mf
Denn wie man sich
bet- tet, so liegt man, es deckt ei- nen da kei- ner
zu,
f
und wenn ei- ner tritt, dann bin ich es,
und wird ei- ner ge- tre- ten, bist's du!
p
2. Mei- ne
Fine

38

Lob des Lernens

Hanns Eisler

drie- ßen, fang an! Du mußt al- les wis- sen! Du mußt die Führung ü- ber-
leggiero
pp
neh- men, du mußt die Füh- rung ü- ber- neh- men.
Ler- ne, Mann im A- syl! Ler- ne, Mann im Ge- fäng- nis! (Männerstimmen)
pp (leicht)
Ler- ne, Frau in der Kü- che! Ler- ne, Sech- zig- jäh- ri- ge!

Du mußt die Füh- rung ü- ber- neh- men. Su- che die Schu- le auf,
(pp)
(pp)
Ob- dach- lo- ser! Ver- schaf- fe dir Wis- sen, Frie- ren- der!
poco rit.
Hung- ri- ger, greif nach dem Buch: es ist ei- ne Waf- fe.
poco rit.
leggiero

Du mußt die Füh- rung ü- ber- neh- men,
du mußt die Füh- rung ü- ber-
a tempo
neh- men.
Scheu- e dich nicht, zu fra- gen, Ge- nos- se!
Laß dir nichts ein- re- den.
(Tenöre)
Scheu- e dich nicht, zu fra- gen, laß dir nichts ein-
sieh sel- ber nach!
Was du nicht sel- ber weißt, weißt du nicht.
Prü- fe die Rechnung. Du
re- den. Prü- fe die Rech- nung! Prü- fe
Bässe

mußt sie be- zah- len. Le- ge den Fin- ger auf je- den Po- sten,
die Rech- nung. Prü- - - - -
ff
fra- ge: wie kommt er hier- her? Du mußt die Füh- rung ü- ber-
pp
- - - fe
ff sie!
ff
pp
neh- men, Du mußt die Füh- rung ü- ber- neh- men.
f
f
f
ff

Im Gefängnis zu singen

Hanns Eisler

ord-nun-gen, sie ha-ben Ge- fäng-nis- se und Fe- stun-gen (ih- re
Für- sor- ge- an- stal- ten zähl'n wir nicht!), sie ha- ben Ge-
fäng- nis- wär- ter und Rich- ter, die viel Geld be- kom-men
und zu al- lem be- reit sind. Ja, wo- zu denn?
(gesprochen:)
Glauben sie denn, daß sie uns damit kleinkriegen?
3
3
3

Eh sie ver- schwin-den, und das wird bald sein, wer- den sie ge- merkt ha-
ben, daß ih- nen das al- les nichts mehr nützt, daß ih- nen das al- les nichts mehr
nützt. 2. Sie ha- ben Zei- tun-gen und Drucke- rei- en, um uns zu be-
kämp-fen und mundtot zu ma- chen (ih- re Staats- män-ner zäh- len wir
nicht!), sie ha- ben Pfaf-fen und Pro- fes- so- ren, die viel

(gesprochen:)
Geld be- kommen und zu al lem be- reit sind. Ja, wo- zu denn?
Müssen sie denn die Wahrheit so fürchten?
Eh sie ver- schwin-den, und das wird bald sein, wer- den sie ge-
merkt ha- ben, daß ih- nen das al- les nichts mehr nützt, daß ih- nen das
al- les nichts mehr nützt. 3. Sie ha-ben Tanks und Ka- no- nen, Po- li-
zi- sten und Sol- da- ten. Ja, wo- zu denn?
(gesprochen:)
Haben sie denn so mächtige Feinde?
Sie
133

Alla marcia
glau- ben, da muß doch ein Halt sein, der sie, die Stür zen-den, stützt. Ei- nes
ff
Ta- ges, und das wird bald sein, wer- den sie sehn, daß ih- nen al- les nichts
ff
nützt. Und da kön- nen sie noch so laut: ‹Halt!› schrein, weil sie we- der
mf
Geld noch Ka- no- ne mehr schützt! Und dann kön- nen sie noch so laut:
‹Halt!› schrein, weil sie we- der Geld noch Ka- no- ne mehr schützt!

40

Die Ballade vom Wasserrad

Hanns Eisler

wer trägt die Spe- sen?
Frei- lich
fp
dreht das Rad sich im- mer wei- ter, daß, was
o- - - ben ist, nicht o- ben bleibt.
A- ber für das
Was- ser un- ten heißt das lei- - - -der nur: daß es das
Rad halt e- - - - - wig treibt.
3

2. Ach, wir hat- ten vie- le Her-ren, hat- ten Ti- ger
und Hy- ä- nen, hat- ten Ad- ler, hat- ten Schwei- ne, doch wir nährten den und_
je- nen. Ob sie bes- ser wa- ren o- der schlim- mer: ach, der
sub. p
mf
fp
3

Stie- fel glich dem Stie- fel im- mer, und uns trat er. Ihr ver- steht: ich
fp
fp
fp
mei- ne, daß wir kei- ne an- dren Her- ren brau- chen, son- dern kei- ne!
fp
fp
Frei- lich dreht das Rad sich im- mer
fp
wei- ter, daß, was o- - - - ben ist, nicht o- ben
bleibt. A- ber für das Was- ser un- ten heißt das

lei- der nur: daß es das Rad halt e- wig
3
treibt.
mf
pp
3
3. Und sie schla- gen sich die Köp- fe blu- tig um die Beu- te,
p

nen-nen ein- an- der gie- ri- ge Tröp- fe und sich sel- ber gu- te Leu- -te.
Un- auf- hör- lich sehn wir sie ein- an- der grol- len und zer- flei- -schen.
Ein- zig und al- lei- nig, wenn wir sie nicht mehr er- näh- ren wol- len, sind sie sich auf
Poco rit.
ein- mal plötz- lich völ- lig ei- nig. Denn dann
fpp

dreht das Rad sich nicht mehr wei- - - - - -ter, und das
heit- - - re Spiel, es un- ter- bleibt, wenn das
Was- ser end- lich mit be- frei- ter Stär- ke sei- ne
eig- - - - - - - -ne Sach be- treibt.
3

41

Lied von der belebenden Wirkung des Geldes

Hanns Eisler

und sie kann sehr gast- lich wer- den plötzlich durch des Geld's Ge- walt.
E- ben war noch al- les voll Beschwerden, jetzt ist al- les gol- den ü- ber- haucht,
was ge- fro- ren hat, das sonnt sich, je- der hat das, was er braucht!
poco rit.
Molto pesante
3
Ro- sig färbt der Ho- ri- zont sich, blicket hin-an: der Schornstein raucht!
pp
(pp)

Allegretto (Tempo III)
Ja, da schaut sich al- les gleich ganz an- ders an.
Vol- ler schlägt das Herz. Der Blick wird wei- ter.
Reichlich ist das Mahl.
Flott sind die Klei- - der.
Und der Mann ist jetzt ein an- drer
Tempo I (Allegretto)
Mann, und der Mann ist jetzt ein an- drer Mann.
p

rit. - - - Tempo II (Andante)
2. Ach, sie ge- hen al- le in die Ir- re, die da glau- ben, daß am
Geld nichts liegt. Aus der Fruchtbarkeit wird Dür- re, wenn der gu- te Strom ver- siegt.
Je- der schreit nach was und nimmt es, wo er's kriegt. E- ben war noch al- les nicht so schwer,
wer nicht gra- de Hun- ger hat, ver- trägt sich, jetzt ist al- les herz- und lie- be- leer.

Pesante
molto rit.
Va- ter, Mutter, Brüder: al- les schlägt sich! Se-het: der Schornstein, er raucht nicht mehr!
Becken
ffff
Tempo III (Allegretto)
Ü- ber- all dik- ke Luft, die uns gar nicht ge- fällt. Al- les vol- ler
Haß und voller Nei- der. Kei-ner will mehr Pferd sein, je- der Rei- ter.
Und die Welt ist ei- ne kal- te Welt, und die Welt ist ei- ne kal- te
Tempo I (Allegretto)
Welt.

pp
ppp
rit.
Tempo II (Andante)
3. So ist's auch mit al- lem Gu- ten und Gro- ßen. Es ver- küm- mert rasch in
die- ser Welt, denn mit lee- rem Ma- gen und mit blo- ßen
Fü- ßen ist man nicht auf Grö- ße ein- ge- stellt. Man will nicht das Gu- te,

son- dern Geld, und man ist von Klein- mut an- ge- haucht.
A- ber wenn der Gu- te et- was Geld hat, hat er doch, was er zum
poco rit.
Gut- sein braucht. Wer sich schon auf Un- tat ein- ge- stellt hat,
(pp)
molto pesante
Tempo III (Allegretto)
blik- ke hin- an: der Schorn-stein raucht! Ja, da glaubt man wie- der an das
(pp)
mensch- li- che Ge-schlecht. E- del sei der Mensch, gut und so wei- ter.

Die Ge- sin-nung wächst. Sie war ge- schwächt. Fe- ster wird das Herz. Der
Blick wird wei- ter. Man er-kennt, was Pferd ist und was Rei- ter. Und so wird das
Recht erst wie-der Recht, und so wird das Recht erst wie-der Recht.
pp
rit.
Vibraphon
(l.H.) f

42

Das «Vielleicht»-Lied

Hanns Eisler

Etwas breit - - - - - - a tempo
hät- ten. Wir set- zen uns viel- leicht noch oft zum Es- sen. Viel- leicht ster-ben wir
noch in un- sern Bet- ten? Viel- leicht, daß sie uns nicht ver- dam-men, son-dern
lo- ben? Viel- leicht gibt uns die Nacht so- gar das Licht her? Viel- leicht bleibt
die- ser Mond einst voll und wech- selt nicht mehr? Viel- leicht fällt Re- gen doch von
un- ten nach o- ben! Viel-leicht fällt Re-gen doch von unten nach o- ben!

43

Das Lied vom Weib des Nazisoldaten

Hanns Eisler

Aus War- schau be- kam sie das lei- ne- ne Hemd, so bunt und so fremd wie ein
pol- ni- sches Hemd! Das be- kam sie vom Weich- sel- strand.
3. Und was be- kam des Sol- da- ten Weib aus Os- lo ü- ber dem Sund?
Aus Os- lo be- kam sie das Kräg- lein aus Pelz. Hof-fent-lich ge- fällt's, das
Kräg-lein aus Pelz! Das be- kam sie aus Os- lo am Sund.

3
3
4. Und was be- kam des Sol- da- ten Weib aus dem rei- chen Rot- ter- dam?
Aus Rot- ter- dam be- kam sie den Hut. Und er steht ihr so gut, der hol-
län- di- sche Hut. Den be- kam sie aus Rot- ter- dam.
3
3
3
5. Und was be- kam des Sol- da- ten Weib aus Brüs-sel im bel- gi- schen Land?
3
Aus Brüs-sel be- kam sie die sel- te- nen Spit- zen. Ach, das zu be- sit- zen, so

sel- te-ne Spit- zen! Die be- kam sie aus bel- gi- schem Land.
6. Und was be- kam des Sol- da- ten Weib aus der Lich- ter- stadt Pa- ris?
Aus Pa- ris be- kam sie das sei- de- ne Kleid, zu der Nach- ba- rin Neid das
sei- de- ne Kleid, das be- kam sie aus Pa- ris.
7. Und was be- kam des Sol- da- ten Weib aus dem li- by-schen Tri- po- lis?

Aus Tri- po- lis be- kam sie das Kett- chen. Das A- mu- lett- chen am
kup- fer-nen Kett- chen, das be- kam sie aus Tri- po- lis.
Ruhiger
8. Und was be- kam des Sol- da- ten Weib aus dem wei- ten Ruß- land?
Aus Ruß-land be- kam sie den Wit- wen- schlei-er. Zur To- ten- fei- er den Wit- wen-
schlei- er, das be- kam sie aus Ruß- land.
p
ff
ff
3

Lied der Mutter Courage

Paul Dessau

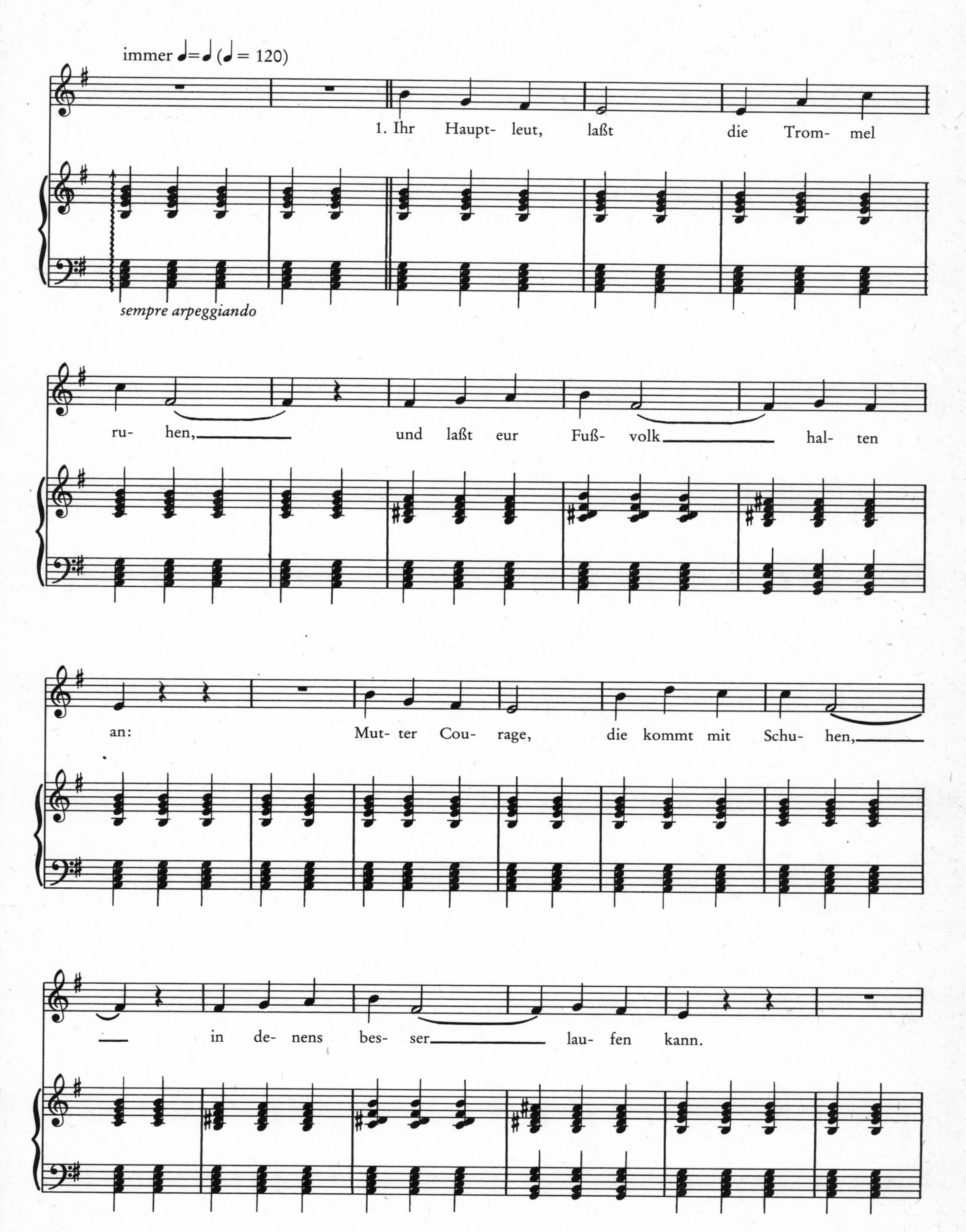

Mit sei- nen Läu- sen und Ge- tie- ren, Ba- gage, Ka-
no- ne und Ge- spann — soll es euch in die
Schlacht mar- schie- ren, so will es gu- te Schu- he
(Refrain:)
han. Das Früh- jahr kommt. Wach auf, du
Christ! Der Schnee schmilzt weg. Die To- ten

2. Ihr Hauptleut, eure Leut marschieren
Euch ohne Wurst nicht in den Tod.
Laßt die Courage sie erst kurieren
Mit Wein von Leibs- und Geistesnot.
Kanonen auf die leeren Mägen
Ihr Hauptleut, das ist nicht gesund.
Doch sind sie satt, habt meinen Segen
Und führt sie in den Höllenschlund.
(Refrain:)

3. So mancher wollt so manches haben
Was es für manchen gar nicht gab:
Er wollt sich schlau ein Schlupfloch graben
Und grub sich nur ein frühes Grab.
Schon manchen sah ich sich abjagen
In Eil nach einer Ruhestatt –
Liegt er dann drin, mag er sich fragen
Warums ihm so geeilet hat.
(Refrain:)

4. Von Ulm nach Metz, von Metz nach Mähren!
Mutter Courage ist dabei!
Der Krieg wird seinen Mann ernähren
Er braucht nur Pulver zu und Blei.
Von Blei allein kann er nicht leben
Von Pulver nicht, er braucht auch Leut!
Müßts euch zum Regiment begeben
Sonst steht er um! So kommt noch heut!
(Refrain:)

5. Mit seinem Glück, seiner Gefahre
Der Krieg, er zieht sich etwas hin.
Der Krieg, er dauert hundert Jahre
Der g'meine Mann hat kein Gewinn.
Ein Dreck sein Fraß, sein Rock ein Plunder!
Sein halben Sold stiehlts Regiment.
Jedoch vielleicht geschehn noch Wunder:
Der Feldzug ist noch nicht zu End!
(Refrain:)

45

Lied von der großen Kapitulation

Paul Dessau

(♩=120)
Doch vom Dach ein Star pfiff: wart paar Jahr!
Zeit lassen
Und du mar-
sfz
a tempo
schierst in der Ka- pell im Gleichschritt, lang- sam o- der schnell, und blä-sest
p
sfz p
dei- nen klei- nen Ton: jetzt kommt er schon. Und jetzt:
tenuto
das Gan- ze
sf
sff
a tempo
schwenkt! Der Mensch denkt: Gott lenkt — kei- ne
ff
Red da- von!
lange halten

wechselnde ♩= 80
2. Und be- vor ein Jahr war ab- ge- fah- ren, lern- te
ich zu schlucken mei- ne Me- di- zin.
(gesprochen:)
Zwei Kinder aufm Hals und bei dem Brotpreis und was alles verlangt wird!
Als sie ein- mal mit mir fix und fer- tig wa- ren, hat- ten
col Ped.
sie mich auf dem Arsch und auf den Knien.
(gesprochen:)
Man muß sich stelln mit den Leuten, eine Hand wäscht die andre, mit dem Kopf kommt man nicht durch die Wand.

(♩=120)
Zeit lassen
Und vom Dach der Star pfiff: noch kein Jahr! Und sie mar-
sfz
a tempo
schiert in der Ka- pell im Gleichschritt, lang- sam o- der schnell, und blä-set
p
sfz p
tenuto
ih- ren klei-nen Ton: jetzt kommt er schon. Und jetzt: das Gan- ze
sf
sff
a tempo
schwenkt! Der Mensch denkt: Gott lenkt — kei- ne Red da- von!
ff
lange halten

wechselnde 𝅗𝅥=80
3. Vie- le sah ich schon den Him-mel stür- men und kein
Stern war ih- nen groß und weit ge- nug.
(gesprochen:)
Der Tüchtige schafft es, wo ein Wille ist, ist auch ein Weg, wir werden den Laden schon schmeißen.
Doch sie fühl- ten bald beim Berg- auf- Ber- ge- Tür- men, wie doch
col Ped.
schwer man schon an ei- nem Stroh- - hut trug.
(gesprochen:)
Man muß sich nach der Decke strecken!

(♩=120)
Zeit lassen
Und vom Dach der Star pfeift: wart paar Jahr! Und sie mar-
sfz
a tempo
schiern in der Ka- pell im Gleichschritt, lang- sam o- der schnell, und bla- sen
p
sfz p
tenuto
ih- ren klei- nen Ton: jetzt kommt er schon. Und jetzt: das Gan- ze
sf
sff
a tempo
schwenkt! Der Mensch denkt: Gott lenkt — kei- ne Red da- von!
ff
lange halten

Lied des Pfeifenpieter

Paul Dessau

Ta- bak krieg, wenn ich den Ta- bak krieg! Denn
E- he- he- he- mann, als E- he- mann und Christ. Ich
Bett zur Nacht, hast du kein Bett zur Nacht. Drum
Freundschaft ist ein Kin- der- traum und Lie- be Lug und Trug. Drum laßt
biß in mei- ne Pfeif und sprach: Ma- dame, jetzt ist's ge- nug, ich brau-
lieb und haß nur wenn du mußt, a- ber dann auch Zug um Zug. Am be-
mir mei- ne Ta- bak- pfeif, die hält mich jung und klug, drum laßt
che mei- ne Stum- mel- pfeif, die hält mich jung und klug, ich brau-
sten schmeckt die Frie- dens- pfeif, die hält uns jung und klug, am be-
mir mei- ne Ta- bak- pfeif, die hält mich jung und klug.
che mei- ne Stum- mel- pfeif, die hält mich jung und klug.
sten schmeckt die Frie- dens- pfeif, die hält uns jung und klug.

47

Das Lied vom Rauch

Paul Dessau

je zu fül- len ei- nes ar- men Man- nes Ma- gen.
und so weiß ich mir halt für- der kei- nen Rat.
frei- lich, hör ich, steht es of- fen nur ins Nichts.
mf
p
(♩=88)
Dar- um sag ich: laß es! Sieh den
Und so sag ich: laß es! Sieh den
Und auch ich sag: laß es! Sieh den
più p
grau- en Rauch, der in im- mer kält- re
grau- en Rauch, der in im- mer kält- re
grau- en Rauch, der in im- mer kält- re
Käl- ten geht: so gehst du auch.
Käl- ten geht: so gehst du auch.
Käl- ten geht: so gehst du auch.

Das Lied vom Sankt Nimmerleinstag

Paul Dessau

* Eine Tempoangabe ist fast unmöglich. Das Lied ist im Coupletstil.

Vivo
in tempo
Thron.
2. Und an
mf (frei)
leggiero
mf
sf
die-sem Tag zahlt die Gü-te sich aus und die Schlechtig-keit kostet den Hals,
p
Vivo
in tempo
und Ver-dienst und Verdie-nen, die machen gu-te Mie-nen und
mf
f
sf
poco marc.
tau-schen Brot und Salz.
Vivo
in tempo
Am Sankt
p
mf
Nim-mer-leins-, Nim-mer-leins-, Nim-mer-leins-tag, da tau-schen sie Brot und Salz.
p
mf

Vivo
in tempo
3. Und das Gras,
mf (frei)
leggiero
sf
p
das Gras sieht auf den Him-mel hin- ab und den Fluß hin- auf rollt der Kies,
Vivo
in tempo
(warten)
und der Mensch ist nur gut. Oh- ne daß er mehr tut, wird die
poco marc.
Er- de zum Pa- ra- dies.
Am Sankt
Nim-mer- leins-, Nim-mer- leins-, Nim-mer- leins- tag wird die Er- de zum Pa- ra- dies.

Vivo
in tempo
4. Und an die-sem Tag
(frei)
leggiero
werd ich Flie- ger sein und ein Ge- ne- ral bist du.
Vivo
in tempo
Und du Mann mit zu-viel Zeit kriegst end-lich Ar-beit, und du
poco marc.
ar- mes Weib kriegst Ruh.
Vivo
in tempo
Am Sankt
Nim-mer- leins-, Nim-mer- leins-, Nim-mer- leins- tag kriegst ar- mes Weib du Ruh.

Vivo
in tempo
5. Und weil keiner von uns noch lang war- ten
(frei)
leggiero
kann, heißt es, al- les dies sei, heißt es, al- les dies sei
Vivo
in tempo
nicht
erst auf die Nacht um halb acht o- der acht, son- dern schon beim Hah-nen- schrei.
poco marc.
Vivo
Am Sankt Nim-mer- leins-, Nim-mer- leins-, Nim-mer- leins- tag beim
er- sten Hah- nen- schrei.
Vivo

49

Lied vom achten Elefanten

Paul Dessau

Dschin hat ei- nen Wald, der muß vor Nacht ge- ro- det sein, und Nacht ist jetzt schon
bald!
poco tenuto
tempo
2. Sie- - ben E- le- fan- ten ro- - de- ten den
Wald, und Herr Dschin ritt hoch auf dem ach- ten.
All den Tag Nummer acht stand faul auf der Wacht

nicht eilen
und sah zu, was sie hin- - ter sich brach- ten. Grabt schnel- ler! Grabt
mf
sf
mf
schnel- ler! Herr Dschin hat ei- nen Wald, der muß vor Nacht ge- ro- det sein, und
poco tenuto
Nacht ist jetzt schon bald!
f
sf
tempo
3. Sie- ben E-le- fan- ten woll- ten nicht mehr,
sf
mf
hat-ten satt das Bäu- - me-ab- schlach- ten. Herr Dschin war ner-

vös, auf die sie- ben war er bös, und gab ein Schaff
f
mf
Reis dem ach- ten. Was soll das? Was soll das? Herr
nicht eilen
sf
mf
Dschin hat ei- nen Wald, der muß vor Nacht ge- ro- det sein, und Nacht ist jetzt schon
bald!
poco tenuto
f
sf
sf
tempo
4. Sie- - ben E- le- fan- ten hat- - ten kei-nen Zahn,
mf

sei-nen Zahn hat-te nur noch der ach- - te.
f
Und Nummer acht war vor- handen schlug die sie-ben zu- schän- - den,
mf
f
und Herr Dschin stand da- hin- - ten und lach- te. Grabt wei- ter! Grabt
nicht eilen
mf
sf
mf
wei- ter! Herr Dschin hat ei- nen Wald, der muß vor Nacht ge- ro- det sein, und
Nacht ist jetzt schon bald!
f
sff

50

Das Lied vom Förster und der schönen Gräfin

Paul Dessau

1. los.
2. kalt.
3. Boot,
4. Früh:
För- ster, knie nie- der und bind es mir
Süß ist die Lie- be, doch bit- ter der
Schif- fer, ich muß bis ans En- de der
All sei- ne Fe- dern, sie hän- gen im

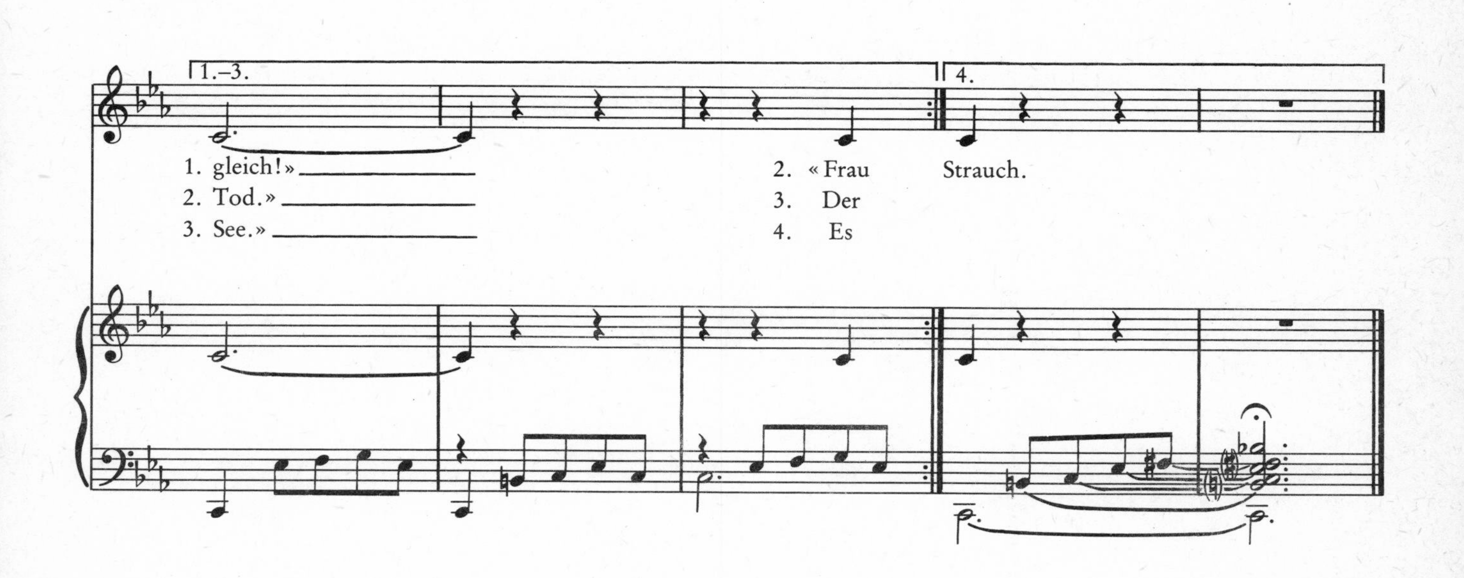
1.–3.
4.
1. gleich!»
2. Tod.»
3. See.»
2. «Frau
3. Der
4. Es
Strauch.

51

Der Song von Witwe Begbicks Trinksalon

Paul Dessau

* sprich: Singapur

**sprich: Kuutsch Behar

Del- hi bis Ka- mat- ku- ra, und wenn man ei- nen lang nicht sah,
mf
legg.
der saß in Wit-we Beg- bicks Tank. Mit Tod-dy, Gum und hai, hai, hai am
sf
legg.
Him-mel vor- bei, an der Höll ent- lang. Mach das Maul zu, Tom-my,
sf
Trommeln
8bassa
Tr.
halt den Hut fest, Tom-my, auf der Fahrt vom So- da- berg- chen
mf
legg.
bis zum Whis- ky- hang.
cresc.
f

2. In Wit-we Beg-bicks Trink- sa- lon be- kommst du,
was du ver-langst. Er fuhr durch die- ses In- dien schon
als statt Bier du der Mut- ter Milch noch trankst. Von
Del- hi bis Ka- mat- ku- ra, und wenn man ei- nen lang nicht sah,
der saß in Wit- we Beg- bicks Tank. Mit Tod-dy, Gum und hai, hai, hai am
meno f
sf
legg.
ten.
mf

Him-mel vor- bei, an der Höll ent- lang. Mach das Maul zu, Tom-my,
sf
Trommeln
8bassa
sf
Tr.
8bassa
halt den Hut fest, Tommy, auf der Fahrt vom So- da-bergchen bis zum Whisky- hang.
mf
Tr.
8bassa
3. Und brüllt die Schlacht im Pand-schab-vale
meno f
fahrn wir in Wit-we Beg- bicks Tank mit Rau- chen und mit
f
legg.
schwar-zem Ale erstmal die Nig- gerfront ent-lang. Von
legg.
sf
ten.
sf ten.

Del- hi bis Ka- mat- ku- ra, und wenn man ei- nen lang nicht sah,
legg.
der saß in Wit-we Beg- bicks Tank. Mit Tod-dy, Gum und hai, hai, hai am
legg.
Himmel vor- bei, an der Höll ent- lang. Mach das Maul zu, Tommy,
Trommeln
8bassa
Tr.
halt den Hut fest, Tom-my, auf der Fahrt vom So- da- berg- chen
legg.
bis zum Whis-ky- hang.
ad lib.
cresc.

Das Lied vom Fluß der Dinge

Paul Dessau

53

Der Mann-ist-Mann-Song

Paul Dessau

auch noch nicht ge- sehn? Denn ich hab dich
auch heut schon ge- kotzt? Denn ich hab
auch bei Jen- ny ge- schla- fen? Denn ich hab
auch nichts zum Hin- ein- tun ge- habt? Denn ich hab
auch nicht, wo- hin du gehst? Denn ich weiß
auch noch nicht ge- sehn.
auch heut schon ge- kotzt!
auch bei Jen- ny ge- schlafen!
auch nichts zum Hin- ein- tun ge- habt!
auch nicht, wo- hin ich geh.
Drauf kommt's nicht an,
marc.
denn ein Mann ist ein Mann. Wie? War- um? Wann? A- ber
marc.
Tom, schau, dar- auf kommt es wirk- lich gar nicht an. Denn Mann ist

Mann!
Und dar-auf kommt's an!
Denn Mann ist
Mann!
Und dar-auf kommt's an!
legato
Die Son- ne
von
Kil- ko- a
scheint
auf sie- ben-
tau- send
Män- ner
hin,
non legato
die ster- ben

al- - - - le un- be- weint, und 's ist bei
kei- nem schad um ihn, drum sa- gen
wir: s' ist gleich, auf wen die ro- te
Son- ne von Kil- ko- - a schien!
f

54

Vier Generäle zogen nach Iran

Paul Dessau

so Sos- so Ro- ba- kid- se mar- schier- te nach I- ran, nach I- ran. Er
führ- te ei- nen har- ten Krieg, er hat- te ei- nen schnel- len Sieg, das
Wet- ter war ihm gut ge- nug, und sein Sol-
dat sich gut ge- nug schlug. Sos- so Sos- so Sos- so
Ro- ba- kid- se ist un- ser Mann, ist un- ser Mann.

Lied auf den Azdak

Paul Dessau

2. Ach, was willig, ist nicht billig, und was teuer nicht geheuer
   Und das Recht ist eine Katze im Sack.
   Darum bitten wir 'nen Dritten, daß er schlichtet und 's uns [richtet
   Und das macht uns für 'nen Groschen der Azdak.

3. Als die Obern sich zerstritten, war'n die Untern froh, sie [litten
   Nicht mehr gar so viel Gibher und Abgezwack.
   Auf Grusiniens bunten Straßen, gut versehn mit falschen [Maßen
   Zog der Armeleuterichter, der Azdak.

4. Und er nahm es von den Reichen, und er gab es Seines [gleichen
   Und sein Zeichen war die Zähr' aus Siegellack.
   Und beschirmet von Gelichter, zog der gute schlechte [Richter
   Mütterchen Grusiniens, der Azdak.

5. Kommt ihr zu dem lieben Nächsten, kommt mit gut [geschärften Äxten
   Nicht entnervten Bibeltexten und Schnickschnack!
   Wozu all der Predigtplunder, seht, die Äxte tuen Wunder
   Und mitunter glaubt an Wunder der Azdak.

6. Und so brach er die Gesetze wie ein Brot, daß es sie letze
   Bracht das Volk ans Ufer auf des Rechtes Wrack.
   Und die Niedren und Gemeinen hatten endlich, endlich [einen
   Den die leere Hand bestochen, den Azdak.

7. Siebenhundertzwanzig Tage maß er mit gefälschter Waage
   Ihre Klage, und er sprach wie Pack zu Pack.
   Auf dem Richterstuhl, den Balken über sich von einem [Galgen
   Teilte sein gezinktes Recht aus der Azdak.

Lied der Melinda

Rudolf Wagner-Régeny

und ver- barg im Klee das An- ge- sicht.
es sich ge- gen Lö- we, Hirsch und Pfau!
Sprach der Held und
Ach, dein güld- ner
staunt-te: «Mäd-chen, dann
Kü- raß ist es nicht,
ge- fällt dir wohl mein güld- ner Kü- raß
ge- fal- len könnt mir dei- ner Au- gen
rit.
1. a tempo
2.
nicht?»
Blau.»
mf

57

Lied der Kompanie

Rudolf Wagner-Régeny

Langsamer Tango
Das war der einz'- ge Mond von Gaa,
Und die- se Dat- tel, das war al- - - - - - -
p
mp
den sie da sah,
- - - les, was sie sah,
und die- ser
mehr als die
Mond war gan- ze drei, vier Stun- den
Dat- tel war ja gar nicht für sie
1.
da. Ja,
Tempo I
ja.
mf
2.
da. Ach ja.

HETERICK MEMORIAL LIBRARY
O/S 784.8 G878 v.1
/Das Grosse Brecht-Liederbuch
onuu
3 5111 00133 0236